安徽省高水平高职规划教材

高等职业教育财务会计类富媒体智能型·项目化系列教材

基础会计模拟实训

BASIC ACCOUNTING SIMULATE TRAINING

（第四版）

丁增稳　郑兴东　主　编

曹方林　汪兴龙　副主编

东北财经大学出版社
Dongbei University of Finance & Economics Press
大连

图书在版编目（CIP）数据

基础会计模拟实训 / 丁增稳，郑兴东主编．—4版．—大连：东北财经大学出版社，2024.7．—（高等职业教育财务会计类富媒体智能型·项目化系列教材）．—ISBN 978-7-5654-5291-8

Ⅰ．F230

中国国家版本馆CIP数据核字第2024JY5541号

东北财经大学出版社出版

（大连市黑石礁尖山街217号　邮政编码　116025）

网　　址：http://www.dufep.cn

读者信箱：dufep@dufe.edu.cn

大连图腾彩色印刷有限公司印刷　　东北财经大学出版社发行

幅面尺寸：205mm×285mm　字数：391千字　印张：21.75　插页：16

2024年7月第4版　　2024年7月第1次印刷

责任编辑：王天华　周　慧　　责任校对：一　心

封面设计：原　皓　　版式设计：原　皓

定价：67.00元

教学支持　售后服务　联系电话：（0411）84710309

如有印装质量问题，请联系营销部：（0411）84710711

第四版前言

2019年12月国务院发布的《国家职业教育改革实施方案》（简称“职教20条”）明确规定：“遴选认定一大批职业教育在线精品课程，建设一大批校企‘双元’合作开发的国家规划教材，倡导使用新型活页式、工作手册式教材并配套开发信息化资源。每3年修订1次教材，其中专业教材随信息技术发展和产业升级情况及时动态更新。适应‘互联网+职业教育’发展需求，运用现代信息技术改进教学方式方法，推进虚拟工厂等网络学习空间建设和普遍应用。”为了认真贯彻落实教育部“职教20条”的精神，我们对《基础会计模拟实训》进行了修订。本次修订充分吸收了近年来广大使用者的意见和建议，充分考虑职业技能大赛及“双高”专业群建设对职业技能的要求，增加了记账凭证、会计账簿、会计报表、凭证封底和封面、会计账簿封底和封面，以及装订会计凭证包角纸等内容，以满足不同院校对记账凭证、会计账簿的需求，更好地服务广大师生。

习近平总书记在全国高校思想政治工作会议上指出：“要用好课堂教学这个主渠道，思想政治理论课要坚持在改进中加强，提升思想政治教育亲和力和针对性，满足学生成长发展需求和期待，其他各门课都要守好一段渠、种好责任田，使各类课程与思想政治理论课同向同行，形成协同效应。”为了落实教育部印发《高等学校课程思政建设指导纲要》，贯彻立德树人办学宗旨，专业课也同样负有对学生的价值塑造、知识传授、能力培养的重任，为此本次修订时增加了“课程思政”内容，体现专业课程思政的要求。

本书与其他基础会计实训教材相比，具有以下特点：

一、实用性。本书以制造业的1个月基本业务为主，业务齐全，凭证仿真，类型丰富，注重锻炼学生对会计凭证、会计账簿和会计报表的处理能力。

二、创新性。本书对支付应付职工薪酬、提取备用金、支付广告宣传费等业务采取以“学号最后1位数×固定金额”进行计算填写，使每个学生的会计核算数据不相等。这对培养学生独立完成会计核算是非常有益的。

三、便捷性。本书增加了记账凭证、会计账簿、会计报表、凭证封底和封面、会计账簿封底和封面，以及装订会计凭证包角纸等纸质材料，便于学生实训使用。

本书由国家级教学成果奖、国家级课程思政教学名师、全国首届教材建设先进个人丁增稳教授拟定提纲，由丁增稳、郑兴东担任主编，曹方林、汪兴龙担任副主编。在成书的过程中，得到东北财经大学出版社、芜湖本源财务咨询服务有限公司和安徽商贸职业技术学院会计学院的大力帮助和支持，在此表示感谢。

编　者

2024年6月

目 录

项目一

认知基础会计模拟实训

任务一　明确基础会计模拟实训的目的

会计模拟实训是将会计理论与会计实务融为一体，以培养学生动手能力、提高会计基本技能和核心技能为根本宗旨的一门会计必修课程。为了培养符合社会需要的高等技能应用型会计人才，按照“做中学”“做中教”融为一体的教学方法，各高等职业院校在开设基础会计课程的基础上，开设基础会计模拟实训课程是十分必要的。其主要表现在：

一、能巩固课堂教学成果，掌握会计核算操作的基本技能

基础会计课程主要讲授会计凭证的填制和审核、会计账簿的登记和管理，以及会计报表的编制等会计核算基本方法。学生在平常的学习中涉及的证、账、表等方面的知识和技能是零散的、局部的，没有形成全面的、系统的知识和技能。通过该课程的学习，学生可以全面、系统、完整地熟悉会计凭证的填制和审核、会计账簿的登记与管理、会计报表的编制，初步掌握会计核算的基本技能，为以后学习财务会计、成本会计等课程奠定扎实的基础。

二、加深对会计专业的理解和认识，激发学生对会计课程的兴趣

在初步掌握会计核算基本技能的基础上，对照理论教材的学习，坚持把所学的会计基本原理和基本技术方法与会计具体核算操作的实训结合起来，坚持理论联系实际，从而加深对会计专业的认识，激发学生对会计课程的兴趣，培养学生的成就感，为进一步学习会计课程打下坚实的理论和实践基础。

三、树立诚实守信、爱岗敬业的信念，培养良好的职业道德

会计实训课程不同于理论课程教学，学生需要认识会计凭证、填制和审核会计凭证，根据审核无误的会计凭证登记会计账簿，进行账项调整、结账与更正错账，编制会计报表等各项工作环节，涉及的岗位多，工作任务重。每项工作都需要耐心细致、一丝不苟。因此，会计模拟实训可以培养一批忠于职守、勤奋工作、求真务实、遵纪守法、精心理财、钻研业务、团结协作的现代会计人才。

任务二　熟悉基础会计模拟实训的要求

进行基础会计模拟实训时，一般应遵循以下几项要求：

一、以企业实际发生的经济业务为模拟实训内容

在现实经济活动中，各核算单位的情况千差万别，经济业务纷繁复杂，不可能把企业的经济业务都列入到模拟实训的内容中，只能选择其中具有代表性的基本经济业务作为模拟实训的内容，通过对这些经济业务的账务处理，掌握处理经济业务的基本操作方法。

二、以企业实际会计部门使用的证、账、表为模拟实训用品

按照企业实际会计部门组织会计核算的程序、方法和所使用的证、账、表为模拟实训的用品，以增强模拟实训的真实性，让学生获得感性认识，拓宽视野，开阔思路。

三、以现行法律法规为依据，进行会计经济业务事项的处理

在实训中，对于每一项经济业务的处理，都要依据《中华人民共和国会计法》、国家统一的会计制度、会计基础工作基本规范等法律法规的规定，严格审核原始凭证或原始凭证汇总表，根据审核无误的原始凭证或原始凭证汇总表编制记账凭证，并据以登记会计账簿，编制资产负债表、利润表等相关会计报表及附注。

四、按照标准、规范的格式进行文字、数字的书写

文字书写要简明扼要、准确，字迹工整、清晰。阿拉伯数字要按照会计基础工作规范的要求，逐个书写。文字或数字发生错误，要按照规定的方法更正。

五、严格按照实训程序进行操作

弄清每个模拟实训项目的目的和要求，严格按照要求和程序进行操作，认真细致地完成会计核算的各项工作。

六、做好会计档案的整理和装订工作

会计凭证、会计账簿和会计报表是重要的会计档案，是记录和反映企业经济业务的史料和凭据，每位学生都必须在完成会计模拟实训的基础上，按照规定的归档制度，整理会计档案并装订成册，作为考核的依据。

七、撰写实训总结

全部实训结束后，要求每位学生都写出一份总结模拟实训体会的实训报告，进一步熟悉、掌握有关知识，提高分析问题和解决问题的能力。

八、评定实训成绩

实训指导教师要认真、细致地翻阅学生提交的实训资料和实训总结，结合学生在实训过程中的表现，客观、公正地评定实训成绩。

任务三　基础会计模拟实训的教学安排

基础会计模拟实训是学生学习会计的奠基石，加强学生对原始凭证的辨认与识别、记账凭证的填制与审核、会计账簿的设置和应用，熟悉会计凭证、会计账簿与会计报表之间的内在联系，据以正确编制资产负债表、利润表和其他会计报表及附注。基础会计模拟实训将这些知识点和操作技能整合在一起，通过一周的系统训练，可以使学生充分认识会计工作的流程，认识会计工作的特点。基础会计模拟实训具体安排见表1-1。

表 1-1　基础会计模拟实训安排表

序号	实训内容	课时数	天数
1	实训动员，发放实训用凭证、账页及有关资料，说明实训要求及考核办法	2课时	1天
2	了解实训企业的基本情况，全面熟悉和掌握企业的工艺流程与生产特点，在此基础上正确运用会计核算方法解决会计核算问题	2课时	
3	建账：开设总账、日记账以及基本生产成本、辅助生产成本、制造费用、库存商品、原材料及各项应收应付款等明细账户，并登记期初余额	4课时	
4	填制1—15日的原始凭证和记账凭证，并登记日记账、各项应收应付款、存货、成本费用明细账	8课时	1天
5	填制1—15日的科目汇总表，并登记总账	4课时	0.5天
6	填制16—31日的原始凭证和记账凭证，并登记日记账、各项应收应付款、存货、成本费用明细账	12课时	1.5天
7	填制16—31日的科目汇总表，并登记总账	4课时	0.5天
8	1.编制资产负债表、利润表； 2.办理结账工作； 3.撰写实训报告，上交实训资料，总结评价	4课时	0.5天
合　计		40课时	5天

项目二

熟悉模拟企业概况

任务一　熟悉模拟实训主体的基本情况

会计主体全称：安徽方正电子有限责任公司。

法人代表：张天元。

厂址：江城市白云山路102号。

电话：0553-2234786。

财务负责人：实训指导教师（为了加强实训指导，对于费用报销凭证一栏的“财务负责人”，必须有实训指导教师的签字或盖章，否则视为无效凭证）。

统一社会信用代码：91340202743072128M，增值税一般纳税人，增值税基本税率为13%；交通运输服务、邮政服务、建筑服务等适用税率为9%；增值电信服务、现代服务等适用税率为6%。

开户银行：中国工商银行安徽江城高新区支行，中国人民银行批准的基本存款账户的账号为622202337882125。

生产经营情况：该公司自2014年5月1日批准设立以来，主营业务范围为甲产品和乙产品的生产和销售，产品生产类型是大量大批单步骤生产。

课程思政专栏
2-1

任务二　熟悉模拟实训主体的会计核算制度

一、企业会计工作组织及账务处理

1.企业会计工作组织形式采用集中核算形式，记账方法采用借贷记账法，账务处理程序采用科目汇总表核算组织程序（如图2-1所示）。

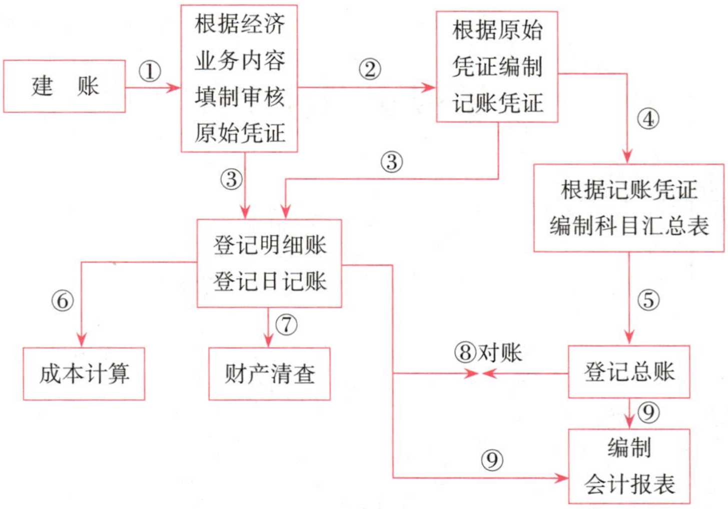

图2-1　科目汇总表核算组织程序流程图

2.科目汇总表每半个月汇总一次。总账根据科目汇总表登记，每半个月登记一次。明细分类账根据记账凭证逐笔登记。

3.企业采用复式记账凭证，按通用记账凭证编制记账凭证。凭证按月编号，每月从001号开始。

4.企业根据《中华人民共和国会计法》、《企业会计准则——基本准则》、42项具体会计准则、《会计基础工作规范》等法律制度的有关规定，开设总分类账、明细分类账及日记账。总分类账采用“借方”、“贷方”和“余额”三栏式账簿；明细分类账簿根据需要分别选用三栏式、数量金额式、多栏式、横线登记式等账页格式。

5.企业按照具体会计准则的有关规定编制资产负债表、利润表。为了简化程序，暂不编制现金流量表和所有者权益变动表及附注。

6.本书所用原始凭证，企业、税务、银行、运输等部门的业务印章按规定印制，并假定都符合相关制度的规定。

二、会计核算有关规定

1.库存现金限额为5 000元。

2.“原材料”和“库存商品”明细账户采用数量金额式账页。原材料和库存商品都采用实际成本核算；发出材料采用先进先出法，发出库存商品采用月末一次加权平均法。

3.“基本生产成本”明细账户设置“直接材料”“直接人工”“制造费用”三个成本专栏。“制造费用”明细账户设置“材料费”“人工费”“折旧费”“水电费”“其他费用”五个费用要素。

4.固定资产折旧采用平均年限法，折旧年限的估计符合政策规定。

5.企业暂不计提应收款项的坏账准备。

6.企业为增值税一般纳税人，使用增值税专用发票，增值税税率为13%、9%、6%。企业所得税税率为25%，城市维护建设税税率为7%，教育费附加率为3%。除此之外，不考虑其他税费的发生。

7.假定月初无在产品，本月投产的产品月末全部完工。

8.年度终了，企业按净利润的10%计提法定盈余公积，按实现的全年净利润的40%向投资者分配利润。

9.在计算分配率时，如果计算结果除不尽，要求精确到小数点后4位，尾差按业务需要进行调整。

10.在计算单位成本时，如果计算结果除不尽，要求精确到小数点后2位，尾差按业务需要进行调整。

任务三　模拟实训应准备的工具

模拟实训应准备的工具见表2-1。

表2-1　模拟实训应准备的工具

<table>
<tr><th>序号</th><th>物品名称</th><th>单位</th><th>数量</th><th>备注</th></tr>
<tr><td>1</td><td>原始凭证</td><td>张</td><td>174</td><td>见项目四</td></tr>
<tr><td>2</td><td>记账凭证封面（牛皮纸）</td><td>张</td><td>4</td><td rowspan="6">见独立分册</td></tr>
<tr><td>3</td><td>通用记账凭证</td><td>张</td><td>110</td></tr>
<tr><td>4</td><td>科目汇总表</td><td>张</td><td>6</td></tr>
<tr><td>5</td><td>试算平衡表</td><td>张</td><td>2</td></tr>
<tr><td>6</td><td>抽出凭证记录（牛皮纸）</td><td>张</td><td>4</td></tr>
<tr><td>7</td><td>包角纸（牛皮纸）</td><td>张</td><td>2</td></tr>
</table>

续表

序号	物品名称	单位	数量	备注
8	总分类账封面	张	1	见独立分册
9	账簿启用及交接表	张	1	
10	目录	张	1	
11	总分类账账页（三栏式）	张	44	
12	总分类账封底	张	1	
13	库存现金日记账封面	张	1	见独立分册
14	账簿启用及交接表	张	1	
15	库存现金日记账账页	张	2	
16	库存现金日记账封底	张	1	
17	银行存款日记账封面	张	1	
18	账簿启用及交接表	张	1	
19	银行存款日记账账页	张	2	
20	银行存款日记账封底	张	1	
21	明细分类账封面	张	1	见独立分册
22	账簿启用及交接表	张	1	
23	目录	张	1	
24	明细分类账账页（三栏式）	张	36	
25	明细分类账账页（多栏式）	张	12	
26	明细分类账账页（数量金额式）	张	10	
27	明细分类账封底	张	1	
28	会计报表封面	张	1	见独立分册
29	资产负债表	张	2	
30	利润表	张	2	
31	会计报表封底	张	1	
32	账绳	米	1	见独立分册
33	装订针	根	1	
34	大铁夹	个	2	
35	胶水	根	1	
36	其他用品	印台、印章、小剪刀、铅笔、装订机等		

项目三

设置账簿体系（建账）

任务一　建立总账体系

总分类账，简称总账，它是根据一级会计科目设置的，是总括反映全部经济业务和资金状况的账簿。通过总分类账提供的资料，可以概括了解企业的经济活动和财务状况，据以检查分析计划执行情况，并编制会计报表。各单位都必须设置总分类账簿。

账簿体系的设置，要根据企业规模的大小、经济业务的繁简和加强管理的实际需要而定。一切独立核算的企业都必须设置总账，而且应以财政部颁布的企业会计科目为依据，通常为订本式的三栏式账页。

课程思政专栏 3-1

一、开设资产、负债、所有者权益类总账账户

假定表3-1是安徽方正电子有限责任公司2024年12月初的资产（含成本类）、负债、所有者权益类总账账户的期初余额情况，学生应根据表中给出的账户和期初余额，开设总账账户。

表3-1　2024年12月初总账账户余额表

科目代码	总账账户	借方余额	贷方余额
1001	库存现金	4 600	
1002	银行存款	660 000	
1012	其他货币资金	80 000	
1101	交易性金融资产		
1121	应收票据	180 000	
1122	应收账款	70 000	
1221	其他应收款		
1402	在途物资	6 000	
1403	原材料	163 000	
1405	库存商品	1 840 000	
1411	周转材料	50 400	
1601	固定资产	4 800 000	
1602	累计折旧		1 500 000
2001	短期借款		1 370 000
2201	应付票据		66 400
2202	应付账款		25 600
2211	应付职工薪酬		15 400
2221	应交税费	66 000	
2231	应付利息		4 000
2232	应付股利		
4001	实收资本		3 520 000
4002	资本公积		170 000
4101	盈余公积		320 000
4103	本年利润		928 600
合　计		7 920 000	7 920 000

二、开设损益类总账账户

按照账结法，损益类账户均没有期初余额。但是，企业在编制利润表和清算所得税时，必须利用本年损益类账户的累计发生额。因此，学生在开设损益类账户时，必须先填入企业2024年1—11月份的损益类账户累计发生额数据，以便年末计算所得税费用。

假定表3-2是安徽方正电子有限责任公司2024年1—11月份的损益类账户累计发生额情况。

表3-2　2024年1—11月份损益类账户累计发生额

项　目	1—11月份累计数
主营业务收入	3 000 000
主营业务成本	1 800 000
税金及附加	60 000
其他业务收入	38 000
其他业务成本	29 000
销售费用	85 000
管理费用	132 000
财务费用	9 000
营业外收入	24 000
营业外支出	18 400
所得税费用	

任务二　建立明细账体系

明细分类账，简称明细账，它是根据二级或明细科目设置的，是连续记录和反映企业某项资产或负债、所有者权益及收支情况的账簿。通过明细分类账提供的资料，可以具体了解各种财产物资的详细内容；有利于加强资金的管理和使用，增收节支，并为编制会计报表提供必需的明细资料。各单位都要根据实际需要和有关规定，设置明细分类账簿。

一、数量金额式明细账

数量金额式明细账适用于既需要反映金额，又需要反映数量的财产物资的核算，如原材料、库存商品、周转材料等。

假定表3-3是安徽方正电子有限责任公司2024年12月初存货结存情况。

表3-3　2024年12月初存货结存情况表

存货项目	明细账户	计量单位	数量	单价	金额
原材料					
	A材料	个	5 000	2.00	10 000
	B材料	米	80 000	1.50	120 000
	C材料	千克	10 000	3.30	33 000
库存商品					
	甲产品	件	8 000	160	1 280 000
	乙产品	件	7 000	80	560 000

二、三栏式明细账

三栏式明细账格式与总账相同。它主要适用于只要求反映金额的经济业务，如应收票据、应收账款、应付账款、其他应付款等结算业务的明细分类核算。

假定表3-4是安徽方正电子有限责任公司2024年12月初往来账户余额情况。

表3-4　　2024年12月初往来账户余额表

总账账户	明细账户	借方余额	贷方余额
应收票据			
	新源公司	45 000	
	华联商厦	115 000	
	惠民商店	20 000	
应收账款			
	华联商厦	16 000	
	泰兴商店	6 000	
	江城百货公司	18 000	
	新百大厦	30 000	
应付账款			
	三元电器厂		25 600
应付票据			
	锦程塑料厂		40 400
	鸿雁电器厂		26 000
应付职工薪酬			
	短期薪酬		15 400
应交税费			
	应交增值税		
	应交企业所得税	66 000	
	应交个人所得税		
利润分配			
	提取法定盈余公积		
	应付股利		
	未分配利润		

三、多栏式明细账

多栏式明细账是根据经济业务的特点和经营管理的需要，在一张账页内按有关明细科目或明细项目分设若干专栏，用以在同一张账页上集中反映各有关明细科目或明细项目的核算资料。按明细分类账登记的经济业务不同，多栏式明细分类账账页又分为借方多栏、贷方多栏和借贷方多栏三种格式。

假定本企业只开设基本生产成本明细账和制造费用明细账，它们均没有期初余额。“基本生产成本明细账”和“制造费用明细账”账页的格式见表3-5和表3-6。学生应根据有关原始凭证和记账凭证进行登记。

（1）基本生产成本明细账的账页格式见表3-5。

表3-5 基本生产成本明细账

产品名称：

年		凭证字号	摘 要	成 本 项 目				贷方转出	余 额
月	日			直接材料	直接人工	制造费用	合 计		

（2）制造费用明细账按生产车间设置，其账页格式见表3-6。

表3-6 制造费用明细账

车间名称：

年		凭证字号	摘 要	费 用 要 素						贷方转出	余 额
月	日			材料费	人工费	折旧费	水电费	其他费用	合 计		

任务三 建立日记账体系

日记账，又称序时账，它是按照经济业务发生的时间顺序，逐日逐笔登记经济业务的账簿。在实际工作中使用的日记账，主要是出纳账，包括库存现金日记账和银行存款日记账两种。这两种日记账是由会计部门的出纳人员经管，并根据库存现金、银行存款的收款凭证和付款凭证逐日逐笔登记的。日记账可以用来记录全部经济业务的完成情况，也可以用来记录某一类经济业务的完成情况。

假定表3-7是安徽方正电子有限责任公司2024年12月初日记账期初余额情况。

表3-7 2024年12月初日记账期初余额表

科目代码	账户名称	借方余额
1001	库存现金	4 600
1002	银行存款	660 000

项目四

处理会计业务

任务一　熟悉业务资料

安徽方正电子有限责任公司2024年12月份发生的经济业务如下：

[1] 1日，向中国工商银行取得借款，款项已存入银行。该借款合同规定，期限6个月，利息率6%，每月计息一次，到期一次还本付息。

[2] 1日，生产车间领用材料，用于产品生产和车间一般耗用。

[3] 2日，开出现金支票提取现金作为备用金。

[4] 2日，采购员王一凡出差预借差旅费，以现金支付。

[5] 2日，收回华联商厦归还的货款，存入银行。

[6] 2日，归还上月欠三元电器厂的到期货款。

[7] 2日，销售甲产品一批，已收到价款及税款银行进账单的收账通知。

[8] 3日，向东风建材有限责任公司购入A材料一批，企业签发转账支票一张支付全部价税款，材料已验收入库。

[9] 3日，销售甲产品一批，价款及税款已收到，存入银行。

[10] 4日，以银行存款支付上月电话费。

[11] 4日，以现金购买香烟、饮料等用于业务招待。

[12] 4日，从鸿雁电器厂购入B材料一批，价款及增值税均以转账支票支付，材料未到。

[13] 4日，企业接受长城机械有限责任公司投入资本，款项已存入银行。

[14] 4日，以其他货币资金购买中国联通股票作为交易性金融资产。

[15] 7日，生产车间和行政部门以现金购买办公用品一批，已领用完毕。

[16] 7日，开出现金支票提取现金。

[17] 8日，王一凡出差归来，报销差旅费。

[18] 9日，向银行提交企业工资单，发放本月工资。

[19] 9日，将本月发生的工资费用进行分配。

[20] 10日，按职工工资总额的5%、10%、4%和1%分别计提职工医疗保险金、养老保险金、失业保险金和工伤保险金。

[21] 10日，按职工工资总额的2%、8%分别计提工会经费和职工教育经费。

[22] 10日，将本月计提的职工医疗保险金、养老保险金、失业保险金和工伤保险金划转给市人力资源和社会保障局。

[23] 10日，生产车间领用材料，用于产品生产。

[24] 11日，销售甲产品、乙产品给华联商厦，商品已经发出，但价款及税款尚未收到。

[25] 11日，收到鸿雁电器厂发来的B材料，已验收入库。

[26] 11日，工会主席赵晓华出差，预借差旅费，以现金支付。

[27] 11日，应收华联商厦的商业票据到期，如数收回票据款。

[28] 14日，开出现金支票提取现金。

[29] 14日，购入A材料一批，价款及税款以银行存款支付，材料未到。

[30] 14日，以银行存款支付汽车维修费。

[31] 14日，以银行存款支付职工生活困难补助费。

[32] 15日，生产车间领用材料，用于产品生产。

[33] 15日，销售产品一批，当日收到价款及税款，并存入银行。

[34] 15日，收到14日购入的A材料，仓库报来验收单。

[35] 15日，行政管理部门领用C材料，用于维修办公设备。

[36] 16日，开出转账支票一张，支付广告费。

[37] 17日，以现金购买拖把、抹布等卫生用品，交管理部门使用。

[38] 18日，工会主席赵晓华出差归来，报销差旅费。

[39] 18日，开出现金支票，提取现金备用。

[40] 18日，批发销售给东联电器经销公司产品一批，当日收到东联电器经销公司开出的银行承兑汇票一张。

[41] 18日，以现金支付办公设备修理费。

[42] 19日，收到泰兴商店货款，存入银行。

[43] 19日，职工李媛媛报销医药费。注："中成药项目的金额=100元×学号最后1位数（如果为0，则按10计算）"，医药费以现金付讫。

[44] 20日，销售甲产品给大禹公司，商品发出，当日收到转账支票一张，送存银行。

[45] 21日，收到华联商厦支付的部分价款，余款暂欠。

[46] 21日，支付锦程塑料厂到期票据款。

[47] 22日，销售乙产品一批给华联商厦，商品当日发出，价款及税款尚未收到。

[48] 22日，开出现金支票，提取现金备用。注：金额=2 200×学号最后1位数（如果是0，则按10计算）。

[49] 23日，驾驶员报销购买的汽油款，经审核以现金支付。

[50] 23日，职工王志刚等四位会计人员参加会计继续教育报销培训费，经审核以现金支付。

[51] 24日，工会举行元旦晚会，发生茶水费、服装费等各项费用，经审核以现金支付。

[52] 24日，邀请与本企业进行长期合作的业务代表来本公司洽谈业务，并热情款待，发生业务招待费，以银行存款支付。

[53] 25日，购买一批树苗、草皮等，绿化厂区环境，费用以银行存款支付。

[54] 25日，征订2025年报纸杂志一批，款项以银行存款支付。

[55] 25日，委托当地日报社制作广告，以现金支付产品广告佣金。注："金额=200元×学号最后1位数（如果为0，则按10计算）"，金额为含税价，需按6%的税率进行换算。

[56] 26日，企业领导批准补助职工食堂伙食费，以银行存款支付（假定全部记入"管理费用"科目）。

[57] 26日，以现金支付邮电费。

[58] 26日，销售产品一批，商品已发出，当日收到转账支票一张，送存银行。

[59] 26日，向希望工程捐款（假定不考虑所得税调整）。

[60] 28日，销售产品一批，商品已发出，款未收到。

[61] 28日，计提本月的固定资产折旧，并列入成本费用。

[62] 28日，接到银行通知，银行从本企业的银行存款账户划付本季度的银行借款利息（企业10月和11月已预提利息费用4 000元）。

[63] 28日，以银行存款支付本月的电费。

[64] 28日，分配本月的电费。本月耗电记录如下：生产甲产品耗用8 000度，生产乙产品耗用6 000度，生产车间耗用1 000度，行政管理部门耗用3 000度。

[65] 29日，购买会计账簿等需购买印花税税票，以银行存款支付。

[66] 29日，购买办公用品。

[67] 30日，以银行存款归还到期银行短期借款。

[68] 30日，车间报销费用，以银行存款支付。

[69] 30日，购买复印机一台，交付办公室使用。

[70] 30日，收到自来水公司的通知，经审核后，以银行存款支付水费。

[71] 30日，开出现金支票，提取现金备用。

[72] 31日，汇总制造费用，并按生产工人工资的比例进行分配。

[73] 31日，本月产品完工情况如下：甲产品完工1 000件，乙产品完工1 200件。两种产品期末均无在产品，完工产品已验收入库。

[74] 31日，计算并结转本月产品销售成本。

[75] 31日，根据本月应交增值税，计算本月应交城市维护建设税和教育费附加。

[76] 31日，接到银行通知，本期收到银行存款利息收入，存入银行。

[77] 31日，将本月各项收入类账户的发生额结转至“本年利润”账户的贷方；将本月各项成本费用类账户的发生额结转至“本年利润”账户的借方。

[78] 31日，按25%的所得税税率计算企业应纳的企业所得税，并结转至“本年利润”账户。

[79] 31日，计算净利润，并按净利润10%的比例计提法定盈余公积，按净利润40%的比例计算应分配给投资者的利润。

[80] 31日，将净利润、已分配的利润转入“利润分配——未分配利润”账户。

课程思政专栏
4-1

任务二　填制和审核会计凭证

课程思政专栏
5-1

业务 1

ICBC 中国工商银行　借款借据（收账通知）④

放款日期：2024年12月1日　　　　№0035179

借款单位名称	安徽方正电子有限责任公司	利率	6%	放款账号	
				结算账号	
借款金额（大写）	贰拾万元整			千 百 十 万 千 百 十 元 角 分	¥ 2 0 0 0 0 0 0 0
约定偿还日期	2025年6月1日	借款用途		借款种类	借款合同
展期到期日期	2025年9月1日	生产经营资金		短期借款	AH01345
根据签订的借款合同和你单位申请借款用途，经审查同意发放上述金融贷款。				（银行转账盖章） 年　月　日	

中国工商银行安徽江城高新区支行
2024年12月1日
转讫

业务 2 $\frac{1}{2}$

领　料　单

单位：生产车间　　　　2024年12月1日

货号	品名	单位	请领数量	实发数量	单价	实际金额（元）	用途
	A材料	个	3 000	3 000	2.0	6 000.00	生产产品
	B材料	米	58 000	58 000	1.5	87 000.00	生产产品
	C材料	千克	3 000	3 000	3.3	9 900.00	一般耗用
	合 计					102 900.00	

领料部门		发料部门		财务部门	
负责人	领料人	核准人	发料人	审　核	会　计
王　齐	王　华	刘　佳	张　东		

业务2 $\frac{2}{2}$

材料发料汇总表

2024年12月1日

项　目	A材料		B材料		C材料		合　计（元）
	数量（个）	金额（元）	数量（米）	金额（元）	数量（千克）	金额（元）	
甲产品	2 000	4 000	30 000	45 000			49 000
乙产品	1 000	2 000	28 000	42 000			44 000
一般耗用					3 000	9 900	9 900
合　计	3 000	6 000	58 000	87 000	3 000	9 900	102 900

会计：　　复核：吴　华　　制表：周　源

业务3

ICBC

中国工商银行　现金支票存根（皖）

Ⅶ Ⅳ05241207

附加信息

出票日期2024年12月2日

收款人：	安徽方正电子有限责任公司
金　额：	2 000.00
用　途：	备用金

单位主管：　　会计：

业务4

借　款　单

2024年12月2日

部　门	姓　名	借款金额	批准金额	备　注
供销科	王一凡	¥1 500.00	¥1 500.00	
借款金额（大写）：⊗万壹仟伍佰零拾零元零角零分				现金付讫
借　款　理　由	赴上海参加冬季商品交易会。	领　导　批　示	同意。　张天元　2024.12.2	

业务5

ICBC 中国工商银行 进账单（收账通知） 3

2024年12月2日　　　　第003385号

付款人	全　称	华联商厦	收款人	全　称	安徽方正电子有限责任公司
	账　号	622202345890101		账　号	622202337882125
	开户银行	交行中山路支行		开户银行	工行高新区支行
人民币（大写）	壹万元整			千百十万千百十元角分	¥ 1 0 0 0 0 0 0
票据种类	转账支票	票据张数	1		
票据号码	33011350				开户银行签章
单位主管：　会计：　复核：　记账：					

中国工商银行安徽江城高新区支行 2024年12月2日 转讫

此联是收款人开户银行交给收款人的收账通知

业务6 $\frac{1}{3}$

报销审批单

部门：供销科　　　　2024年12月2日

经手人	王　刚	事　由	支付上月货款	
项目名称	金　额	付款方式	转账支票	
支付采购材料款	25 600.00	附件张数	1	
		备　注		
合　计	¥25 600.00	大写金额	人民币：贰万伍仟陆佰元整	
公司领导	财务负责人	部门负责人	出　纳	报销人
张天元		李　敏	王　志	王　刚

业务6 $\frac{2}{3}$

ICBC 中国工商银行 进账单（回单） 2

2024年12月2日　　　　第11021号

付款人	全　称	安徽方正电子有限责任公司	收款人	全　称	三元电器厂
	账　号	622202337882125		账　号	1350471210248033155
	开户银行	工行高新区支行		开户银行	交行长江路支行
人民币（大写）	贰万伍仟陆佰元整			千百十万千百十元角分	¥ 2 5 6 0 0 0 0
票据种类	转账支票	票据张数	1		
票据号码	03345687				开户银行签章
单位主管：　会计：　复核：　记账：					

中国工商银行安徽江城高新区支行 2024年12月2日 转讫

此联开户银行交给持（出）票人的回单

业务7 $\frac{2}{3}$

ICBC 中国工商银行　进账单（收账通知）　3

2024年12月3日　　第030255号

付款人	全　称	沃玛超市花津南路店	收款人	全　称	安徽方正电子有限责任公司
	账　号	622293231451286		账　号	622202337882125
	开户银行	工行花津南路支行		开户银行	工行高新区支行
人民币（大写）		贰拾叁万柒仟叁佰元整		千百十万千百十元角分	¥ 2 3 7 3 0 0 0 0
票据种类	转账支票	票据张数	1		
票据号码					
单位主管：　会计：　复核：　记账：				开户银行签章	

中国工商银行安徽江城高新区支行 2024年12月3日 转讫

此联是收款人开户银行交给收款人的收账通知

业务7 $\frac{3}{3}$

产品出库单

仓库：2#仓库　　2024年12月2日　　编号：17990

编号	名称	规格	单位	数量 请领	数量 实发	单价	金额	备注
	甲产品		件	1 000	1 000			
	合　计							

主管：　记账：　仓库保管：魏　莉　经办人：潘长华

二记账联

业务8 $\frac{1}{5}$

报销审批单

部门：供销科　　2024年12月3日

经手人	李清华	事　由	采购材料	
项目名称	金　额	付款方式	转账支票	
采购A材料	9 040.00	附件张数	3	
		备　注		
合　计	¥9 040.00	大写金额	人民币：玖仟零肆拾元整	
公司领导	财务负责人	部门负责人	出　纳	报销人
张天元		李　敏	王　志	李清华

业务8 $\frac{2}{5}$

安徽增值税专用发票

发　票　联

全国统一发票监制章　国家税务总局　安徽省税务局

3402163260　　№ 004182620　　开票日期：2024年12月3日

购买方	名　　称：安徽方正电子有限责任公司 纳税人识别号：91340202743072128M 地 址、 电 话：江城市白云山路102号　0553-2234786 开户行及账号：工行高新区支行　622202337882125					密码区	（略）	
货物或应税劳务、服务名称	规格型号	单位	数量	单价	金额	税率	税额	
*非金属矿物制品*A材料		个	4 000	2.00	8 000.00	13%	1 040.00	
合　计					¥8 000.00		¥1 040.00	
价税合计（大写）	⊗玖仟零肆拾元整				（小写）¥9 040.00			
销售方	名　　称：江城市东风建材有限责任公司 纳税人识别号：91340202114980684R 地 址、 电 话：江城市金寨路68号　0553-8471014 开户行及账号：工行金寨路支行　622001268003457					备注	江城市东风建材有限责任公司 91340202114980684R 发票专用章	

收款人：朱时茂　　复核：李尚媛　　开票人：何　敬　　销售方：（章）

第三联：发票联　购买方记账凭证

业务8 $\frac{3}{5}$

ICBC

中国工商银行　转账支票存根（皖）

Ⅶ Ⅳ 03345688

附加信息

出票日期 2024年12月3日

收款人：	东风建材有限责任公司
金　额：	9 040.00
用　途：	支付货款

单位主管：　　会计：

业务8 $\frac{4}{5}$

ICBC 中国工商银行 进账单（回单） 2

2024年12月3日 第11022号

付款人	全　称	安徽方正电子有限责任公司	收款人	全　称	江城市东风建材有限责任公司
	账　号	622202337882125		账　号	622001268003457
	开户银行	工行高新区支行		开户银行	工行金寨路支行
人民币（大写）		玖仟零肆拾元整		千 百 十 万 千 百 十 元 角 分	¥ 9 0 4 0 0 0
票据种类	转账支票	票据张数	1		
票据号码	03345688				
单位主管： 会计： 复核： 记账：				开户银行签章	

中国工商银行安徽江城高新区支行 2024年12月3日 转讫

此联开户银行交给持（出）票人的回单

业务8 $\frac{5}{5}$

收　料　单

供货单位： 凭证编号：

材料类别：原材料 年 月 日 收料仓库：1#材料库

编号	名称	规格	单位	数量		实际成本			
				应收	实收	单价	金额	运费	合计

主管： 记账： 仓库保管：陈　实 经办人：张　东

业务9 $\frac{1}{3}$

安徽增值税专用发票 № 004243680

3402163260 此联不作报销、扣税凭证使用 开票日期：2024年12月3日

购买方	名　称：惠民商店 纳税人识别号：91340106543160788W 地 址、电 话：江城市庐山路382号 0553-84710115 开户行及账号：工行庐山路支行 622202193577221				密码区	（略）	
货物或应税劳务、服务名称	规格型号	单位	数量	单价	金额	税率	税额
*家用音视频设备*甲产品		件	200	220.00	44 000.00	13%	5 720.00
合　计					¥44 000.00		¥5 720.00
价税合计（大写）	⊗肆万玖仟柒佰贰拾元整					（小写）	¥49 720.00
销售方	名　称：安徽方正电子有限责任公司 纳税人识别号：91340202743072128M 地 址、电 话：江城市白云山路102号 0553-2234786 开户行及账号：工行高新区支行 622202337882125				备注	安徽方正电子有限责任公司 91340202743072128M 发票专用章	

收款人：吴功伟 复核：郝　建 开票人：李春花 销售方：（章）

第一联：记账联 销售方记账凭证

业务9 $\frac{2}{3}$

ICBC 中国工商银行　进账单（收账通知）　3

2024年12月3日　　　　第011033号

付款人	全　称	惠民商店	收款人	全　称	安徽方正电子有限责任公司
	账　号	622202193577221		账　号	622202337882125
	开户银行	工行庐山路支行		开户银行	工行高新区支行

人民币（大写）	千	百	十	万	千	百	十	元	角	分
肆万玖仟柒佰贰拾元整			¥	4	9	7	2	0	0	0

票据种类	转账支票	票据张数	1
票据号码			

单位主管：　会计：　复核：　记账：　　　开户银行签章

中国工商银行安徽江城高新区支行　2024年12月3日　转讫

此联是收款人开户银行交给收款人的收账通知

业务9 $\frac{3}{3}$

产品出库单

仓库：2#仓库　　　2024年12月3日　　　编号：17991

编号	名称	规格	单位	数量		单价	金额	备注
				请领	实发			
	甲产品		件	200	200			
合　计								

主管：　　记账：　　仓库保管：魏　莉　　经办人：潘长华

二　记账联

业务10 $\frac{1}{4}$

费用报销审批单

部门：厂部　　　2024年12月4日

经手人	赵丽丽	事　由	支付电话费	
项目名称	金　额	付款方式	委托收款	
电话费	3 286.00	附件张数	3	
		备　注		
合　计	¥3 286.00	大写金额	人民币：叁仟贰佰捌拾陆元整	
公司领导	财务负责人	部门负责人	出　纳	报销人
张天元		张　利	王　志	赵丽丽

业务10 $\frac{2}{4}$

安徽增值税专用发票　　№ 008243731

3402163260　　发票联　　开票日期：2024年12月3日

购买方	名　　称：安徽方正电子有限责任公司 纳税人识别号：91340202743072128M 地 址、电 话：江城市白云山路102号　0553-2234786 开户行及账号：工行高新区支行　622202337882125					密码区	（略）	
货物或应税劳务、服务名称	规格型号	单位	数量	单价	金额	税率	税额	
*电信服务*电信增值服务					3 100.00	6%	186.00	
合　计					¥3 100.00		¥186.00	
价税合计（大写）	⊗叁仟贰佰捌拾陆元整				（小写）¥3 286.00			
销售方	名　　称：中国电信江城市分公司 纳税人识别号：91340202151023119G 地 址、电 话：江城市中山路518号　0553-8471017 开户行及账号：工行中山路支行　622223457100122					备注	中国电信江城市分公司 91340202151023119G 发票专用章	

收款人：李科伟　　复核：周大生　　开票人：刘兰芝　　销售方：（章）

第三联：发票联　购买方记账凭证

业务10 $\frac{3}{4}$

托收凭证（付款通知）　5

委托日期2024年12月3日　　付款日期2024年12月3日

业务类型	委托收款（□邮划、□电划）　托收承付（□邮划、□电划）									
付款人	全称	安徽方正电子有限责任公司			收款人	全称	中国电信江城市分公司			
	账号	622202337882125				账号	622223457100122			
	地址	安徽省江城 市县	开户行	工行高新区支行		地址	安徽省江城 市县	开户行	工行中山路支行	
金额	人民币（大写）：叁仟贰佰捌拾陆元整						千 百 十 万 千 百 十 元 角 分			
							¥ 3 2 8 6 0 0			
款项内容	电话费	托收凭据名称					附寄单证张数	1		
商品发运情况				合同名称号码						
备注： 付款人开户银行收到日期 年　月　日 复核　　记账				付款人开户银行签章 2024年12月3日						

中国工商银行安徽江城高新区支行 2024年12月3日 转讫

此联作付款人开户行给付款人的付款通知

业务10 $\frac{4}{4}$

电话费分配表

2024年12月4日

使用部门	金额（元）
生产车间	600.00
行政部门	2 000.00
供销科	500.00
合　计	3 100.00

制表人：赵丽丽

业务11 $\frac{1}{2}$

费用报销审批单

部门：厂部　　2024年12月4日

经手人	赵丽丽	事　由	业务招待费	
项目名称	金　额	付款方式	现　金	
香烟	380.00	附件张数	1	
饮料	25.00	备　注		
合　计	¥405.00	大写金额	人民币：肆佰零伍元整	
公司领导	财务负责人	部门负责人	出　纳	报销人
张天元		张　利	王　志	赵丽丽

业务11 $\frac{2}{2}$

安徽增值税普通发票

№ 007543528

3402708020　　发　票　联　　开票日期：2024年12月4日

（全国统一发票监制章 国家税务总局 安徽省税务局）

购买方	名　　称：安徽方正电子有限责任公司 纳税人识别号：91340202743072128M 地 址、电 话：江城市白云山路102号　0553-2234786 开户行及账号：工行高新区支行　622202337882125				密码区	（略）	
货物或应税劳务、服务名称	规格型号	单位	数量	单价	金额	税率	税额
*食品类产品*香烟		条	1	336.28	336.28	13%	43.72
*食品类产品*饮料		瓶	1	22.12	22.12	13%	2.88
合　计					¥358.40		¥46.60
价税合计（大写）	⊗肆佰零伍元整					（小写）¥405.00	
销售方	名　　称：江城市丰源贸易有限公司 纳税人识别号：91340202151023409T 地 址、电 话：江城市南湖路32号　0553-8471013 开户行及账号：工行南湖路支行　480991523128080210				备注	江城市丰源贸易有限公司 91340202151023409T 发票专用章	

收款人：杨周娜　　复核：何一鸣　　开票人：李大福　　销售方：（章）

第二联：发票联　购买方记账凭证

业务12 $\frac{1}{4}$

费用报销审批单

部门：供销科　　　　2024年12月4日

经手人	李清华	事　由	采购材料	
项目名称	金　额	付款方式	转账支票	
采购B材料	16 950.00	附件张数	2	
		备　注		
合　计	¥16 950.00	大写金额	人民币：壹万陆仟玖佰伍拾元整	
公司领导	财务负责人	部门负责人	出　纳	报销人
张天元		李　敏	王　志	李清华

业务12 $\frac{2}{4}$

安徽增值税专用发票　　№ 005287543

发　票　联

3402164060　　　　开票日期：2024年12月4日

购买方	名　　称：安徽方正电子有限责任公司 纳税人识别号：91340202743072128M 地 址、电 话：江城市白云山路102号　0553-2234786 开户行及账号：工行高新区支行　622202337882125				密码区	（略）	
货物或应税劳务、服务名称	规格型号	单位	数量	单价	金额	税率	税额
*电子元件*B材料		米	10 000	1.50	15 000.00	13%	1 950.00
合　计					¥15 000.00		¥1 950.00
价税合计（大写）	⊗壹万陆仟玖佰伍拾元整					（小写）¥16 950.00	
销售方	名　　称：江城市鸿雁电器厂 纳税人识别号：91340202137800785N 地 址、电 话：江城市长江路132号　0553-2839423 开户行及账号：农行长江路支行　632001213005621				备注		

收款人：肖晓华　　复核：柏慧慧　　开票人：王海涛　　销售方：（章）

第三联：发票联　购买方记账凭证

（印章：全国统一发票监制章 国家税务总局 安徽省税务局；江城市鸿雁电器厂 91340202137800785N 发票专用章）

业务12 $\frac{3}{4}$

ICBC

中国工商银行　转账支票存根（皖）

Ⅶ Ⅳ03345689

附加信息 ______________________

出票日期2024年12月4日

收款人：	鸿雁电器厂
金　额：	16 950.00
用　途：	支付货款

单位主管：　　　会计：

业务12 $\frac{4}{4}$

ICBC 中国工商银行　进账单（回单）　2

2024年12月4日　　　　第11023号

付款人	全　称	安徽方正电子有限责任公司	收款人	全　称	江城市鸿雁电器厂
	账　号	622202337882125		账　号	632001213005621
	开户银行	工行高新区支行		开户银行	农行长江路支行

人民币（大写）	壹万陆仟玖佰伍拾元整	千	百	十	万	千	百	十	元	角	分
				¥	1	6	9	5	0	0	0

票据种类	转账支票	票据张数	1
票据号码	03345689		

单位主管：　　会计：　　复核：　　记账：　　　　开户银行签章

中国工商银行安徽江城高新区支行
2024年12月4日
转讫

此联开户银行交给持（出）票人的回单

业务13 $\frac{1}{2}$

投资协议书

第一条　本合同的各方为：

安徽方正电子有限责任公司（以下简称甲方），法定地址：中国安徽省江城市白云山路102号。法人代表：张天元；职务：董事长；国籍：中国。

长城机械有限责任公司（以下简称乙方），法定地址：中国江苏省南京市雨花路320号。法人代表：周源；职务：董事长；国籍：中国。

第二条　乙方向甲方投资人民币肆拾捌万元整（¥480 000.00），投资后占甲方注册资本肆佰万元的10%。投资方式为货币资金。投资款自签订合同后10日内以银行汇票方式支付，并同时办理股权认定手续。

⋮

第八条　协议共八条，自签订之日起生效。

安徽方正电子有限责任公司（甲方）
（盖章）
法人代表：张天元
2024年12月4日

长城机械有限责任公司（乙方）
（盖章）
法人代表：周源
2024年12月4日

业务13 2/2

ICBC 中国工商银行　进账单（收账通知）　3

2024年12月4日　　第024533号

付款人			收款人		
付款人	全　称	长城机械有限责任公司	收款人	全　称	安徽方正电子有限责任公司
	账　号	62132345890101		账　号	622202337882125
	开户银行	交行雨花路支行		开户银行	工行高新区支行
人民币（大写）	肆拾捌万元整		千百十万千百十元角分		¥480000000
票据种类	银行汇票	票据张数	1		
票据号码					
单位主管：　会计：　复核：　记账：			开户银行签章		

此联是收款人开户银行交给收款人的收账通知

中国工商银行安徽江城高新区支行　2024年12月4日　转讫

业务14 1/2

项目报销审批单

部门：财务科　　2024年12月4日

经手人	李财广	事　由	短期投资	
项目名称	金　额	付款方式	存出投资款	
购买中国联通股票	42 247.00	附件张数	1	
		备　注		
合　计	¥42 247.00	大写金额	人民币：肆万贰仟贰佰肆拾柒元整	
公司领导	财务负责人	部门负责人	出　纳	证明人
张天元		钱友伟	王　志	李梦然

业务14 2/2

国元证券白云山路营业部交割单

席　位　号：3098	打印日期：2024-12-04
客户名称：安徽方正电子有限责任公司	成交编号：1670318
股东账号：A5877111888	成交数量：2 000
资金账号：3401218820	成交价格：21.00
期初数量：0	成交金额：42 000.00
期初金额：80 000.00	佣　　金：114.00
股票余额：2 000	过户费用：1.00
资金余额：37 753	印　花　税：126.00
股票代码：略	其他费用：6.00
股票名称：中国联通	清算金额：-42 247.00
申报日期：2024-12-04	成交时间：2024-12-04
申报编号：68	清算日期：2024-12-04
备　　注：买入	

业务15 $\frac{1}{3}$

费用报销审批单

部门：厂部　　2024年12月7日

经手人	赵丽丽	事　由	购买办公用品	
项目名称	金　额	付款方式	现金	
办公费	1 021.52	附件张数	2	
		备　注		
合　计	¥1 021.52	大写金额	人民币：壹仟零贰拾壹元伍角贰分	
公司领导	财务负责人	部门负责人	出　纳	报销人
张天元		张　利	王　志	赵丽丽

业务15 $\frac{2}{3}$

安徽增值税专用发票

№ 003731729

3402708022　　发　票　联　　开票日期：2024年12月7日

购买方	名　　称：安徽方正电子有限责任公司 纳税人识别号：91340202743072128M 地 址、 电 话：江城市白云山路102号　0553-2234786 开户行及账号：工行高新区支行　622202337882125	密码区	（略）				
货物或应税劳务、服务名称	规格型号	单位	数量	单价	金额	税率	税额
*纸制品*复印纸		箱	2	382.00	764.00	13%	99.32
*文具*签字笔		支	20	3.00	60.00	13%	7.80
*文具*圆珠笔		支	40	2.00	80.00	13%	10.40
合　计					¥904.00		¥117.52
价税合计（大写）	⊗壹仟零贰拾壹元伍角贰分				（小写）¥1 021.52		
销售方	名　　称：江城市丰源贸易有限公司 纳税人识别号：91340202151023409T 地 址、 电 话：江城市南湖路32号　0553-8471013 开户行及账号：工行南湖路支行　480991523128080210	备注	江城市丰源贸易有限公司 91340202151023409T 发票专用章				

收款人：杨周娜　　复核：何一鸣　　开票人：李大福　　销售方：（章）

第三联：发票联　购买方记账凭证

业务15 $\frac{3}{3}$

办公用品费用分配表

2024年12月7日　　单位：元

项　目	生产车间	行政部门	合　计
复印纸	150.00	614.00	764.00
签字笔	30.00	30.00	60.00
圆珠笔	20.00	60.00	80.00
合　计	200.00	704.00	904.00

制表人：赵丽丽

业务16

ICBC

中国工商银行　现金支票存根（皖）

Ⅶ Ⅳ05241208

附加信息

出票日期 2024年12月7日

收款人：	安徽方正电子有限责任公司
金　额：	1 000.00
用　途：	备用金

单位主管：　　　　会计：

业务17 $\frac{1}{2}$

差旅费报销单

报销日期：2024年12月8日

姓　名			王一凡			出差事由		参加上海冬季商品交易会						单据8张
起程日期和地点			到达日期和地点			交通工具	车船费	出差补助		住宿费	其他费用		金额合计	
月	日	地点	月	日	地点			天	金额		摘要	金额		
12	3	合肥	12	3	上海	火车	224	4	200	848	公交费	0	1 272	
12	6	上海	12	6	合肥	火车	224				出租车费	40	264	
														附件
合　计							448		200	848		40	1 536	张

预借金额	¥1 500.00	报销金额	壹仟伍佰叁拾陆元整	应退金额		应补金额	¥36.00

负责人签字：张天元　　　审核人签章：吴　迪　　　出差人签章：王一凡

业务17 $\frac{2}{2}$

上海增值税专用发票　№ 002515489

3100052178　发　票　联　开票日期：2024年12月6日

购买方	名　　称：安徽方正电子有限责任公司 纳税人识别号：91340202743072128M 地 址、 电 话：江城市白云山路102号　0533-2234786 开户行及账号：工行高新区支行　622202337882125				密码区	（略）	
货物或应税劳务、服务名称	规格型号	单位	数量	单价	金额	税率	税额
*住宿服务*住宿费					800.00	6%	48.00
合　计					¥800.00		¥48.00
价税合计（大写）	⊗捌佰肆拾捌元整				（小写）¥848.00		
销售方	名　　称：上海市速8快捷酒店 纳税人识别号：91310202652145901D 地 址、 电 话：上海市东海路918号　021-84711234 开户行及账号：建行东海路支行　230030487790125				备注	上海市速8快捷酒店 91310202652145901D 发票专用章	

收款人：　复核：　开票人：赵　影　销售方：（章）

第三联：发票联　购买方记账凭证

业务18 $\frac{1}{4}$

费用报销审批单

部门：厂部　2024年12月9日

经手人	赵田	事　由	支付职工薪酬	
项目名称	金　额	付款方式	转账支票	
工　资	107 000.00	附件张数	2	
		备　注		
合　计	¥107 000.00	大写金额	人民币：壹拾万柒仟元整	
公司领导	财务负责人	部门负责人	出　纳	报销人
张天元		张　利	王　志	赵　田

业务18 $\frac{2}{4}$

ICBC

中国工商银行　转账支票存根（皖）

Ⅶ Ⅳ03345690

附加信息

出票日期2024年12月9日

收款人：	安徽方正电子有限责任公司
金　额：	107 000.00
用　途：	支付职工薪酬

单位主管：　会计：

业务18 $\frac{3}{4}$

ICBC 中国工商银行　进账单（回单）　2

2024年12月9日　　　　第11024号

付款人	全　称	安徽方正电子有限责任公司	收款人	全　称	安徽方正电子有限责任公司
	账　号	622202337882125		账　号	622202159184318
	开户银行	工行高新区支行		开户银行	工行高新区支行
人民币（大写）	壹拾万柒仟元整			千百十万千百十元角分	¥10700000
票据种类	转账支票	票据张数	1		
票据号码	03345690				
单位主管：　会计：　复核：　记账：				开户银行签章	

中国工商银行安徽江城高新区支行 2024年12月9日 转讫

此联开户银行交给持（出）票人的回单

业务18 $\frac{4}{4}$

职工薪酬结算汇总表

2024年12月9日　　　　单位：元

部门名称	基本工资	加班工资	应付职工薪酬总额	代扣个人所得税	实发工资
甲产品生产车间	30 000.00	8 000.00	38 000.00	1 100.00	36 900.00
乙产品生产车间	25 000.00	3 000.00	28 000.00	500.00	27 500.00
车间	6 600.00	1 400.00	8 000.00	90.00	7 910.00
行政管理部门	25 000.00	2 000.00	27 000.00	710.00	26 290.00
销售部门	7 910.00	600.00	8 510.00	110.00	8 400.00
合　计	94 510.00	15 000.00	109 510.00	2 510.00	107 000.00

会计：　　复核：吴　迪　　制表：赵　田

业务19

工资费用分配表

2024年12月9日　　　　金额单位：元

应借科目	分配标准	分配率	应付职工薪酬金额
生产成本——甲产品			
生产成本——乙产品			
制造费用			
管理费用			
销售费用			
合　计			

会计：　　复核：吴　迪　　制表：赵　田

业务20

职工保险费提取计算表

2024年12月10日　　单位：元

应借科目	应付职工薪酬总额	医疗保险金（5%）	养老保险金（10%）	失业保险金（4%）	工伤保险金（1%）	合　计
生产成本——甲产品						
生产成本——乙产品						
制造费用						
管理费用						
销售费用						
合　计						

会计：　　复核：吴　迪　　制表：赵　田

业务21

工会经费和职工教育经费提取计算表

2024年12月10日　　单位：元

应借科目	应付职工薪酬总额	工会经费（2%）	职工教育经费（8%）	合　计
生产成本——甲产品				
生产成本——乙产品				
制造费用				
管理费用				
销售费用				
合　计				

会计：　　复核：吴　迪　　制表：赵　田

业务22 $\frac{1}{3}$

费用报销审批单

部门：财务科　　2024年12月10日

经手人	赵　田	事　由	支付职工社保费	
项目名称	金　额	付款方式	转账支票	
职工社保费	21 902.00	附件张数	1	
		备　注		
合　计	¥21 902.00	大写金额	人民币：贰万壹仟玖佰零贰元整	
公司领导	财务负责人	部门负责人	出　纳	报销人
张天元		钱友伟	王　志	赵　田

业务22 $\frac{2}{3}$

ICBC 中国工商银行　转账支票存根（皖）

Ⅶ Ⅳ03345691

附加信息

出票日期 2024年12月10日

收款人：江城市人力资源和社会保障局	
金　额：21 902.00	
用　途：职工社保费	

单位主管：　　　会计：

业务22 $\frac{3}{3}$

ICBC 中国工商银行　进账单（回单）　2

2024年12月10日　　　第11025号

付款人	全　称	安徽方正电子有限责任公司			收款人	全　称	江城市人力资源和社会保障局
	账　号	622202337882125				账　号	622202321253786
	开户银行	工行高新区支行				开户银行	工行北京路支行
人民币（大写）	贰万壹仟玖佰零贰元整					千百十万千百十元角分	¥ 2 1 9 0 2 0 0
票据种类	转账支票	票据张数	1				
票据号码	03345691						
单位主管：　会计：　复核：　记账：						开户银行签章	

中国工商银行安徽江城高新区支行 2024年12月10日 转讫

此联开户银行交给持（出）票人的回单

业务23 $\frac{1}{2}$

领　料　单

单位：生产车间　　　2024年12月10日

货号	品名	单位	请领数量	实发数量	单价	实际金额（元）	用途
	A材料	个	1 000	1 000	2.0	2 000.00	生产产品
	B材料	米	20 000	20 000	1.5	30 000.00	生产产品
	合　计					¥32 000.00	

领料部门		发料部门		财务部门	
负责人	领料人	核准人	发料人	审　核	会　计
王　齐	王　华	刘　佳	张　东		

业务23 $\frac{2}{2}$

材料发料汇总表

2024年12月10日

项　目	A材料		B材料		C材料		合　计（元）
	数量（个）	金额（元）	数量（米）	金额（元）	数量（千克）	金额（元）	
甲产品	800	1 600.00	15 000	22 500.00			24 100.00
乙产品	200	400.00	5 000	7 500.00			7 900.00
一般耗用							
合　计	1 000	2 000.00	20 000	30 000.00			32 000.00

会计：　　复核：吴　华　　制表：周　源

业务24 $\frac{1}{2}$

安徽增值税专用发票

№ 004243681

3402163260　　此联不作报销、扣税凭证使用　　开票日期：2024年12月11日

全国统一发票监制章　国家税务总局　安徽省税务局

购买方	名　称：华联商厦 纳税人识别号：91340101607812345H 地 址、电 话：合肥市中山路88号　0551-8471088 开户行及账号：交行中山路支行　622202345890101					密码区	（略）	
货物或应税劳务、服务名称		规格型号	单位	数量	单价	金额	税率	税额
*家用音视频设备*甲产品			件	500	220.00	110 000.00	13%	14 300.00
*家用音视频设备*乙产品			件	200	120.00	24 000.00	13%	3 120.00
合　计						¥134 000.00		¥17 420.00
价税合计（大写）		⊗壹拾伍万壹仟肆佰贰拾元整				（小写）¥151 420.00		
销售方	名　称：安徽方正电子有限责任公司 纳税人识别号：91340202743072128M 地 址、电 话：江城市白云山路102号　0553-2234786 开户行及账号：工行高新区支行　622202337882125					备注	安徽方正电子有限责任公司 91340202743072128M 发票专用章	

第一联：记账联　销售方记账凭证

收款人：吴功伟　　复核：郝　建　　开票人：李春花　　销售方：（章）

业务24 $\frac{2}{2}$

产 品 出 库 单

仓库：2#仓库　　2024年12月11日　　编号：18000

编号	名称	规格	单位	数量		单价	金额	备注
				请领	实发			
	甲产品		件	500	500			
	乙产品		件	200	200			
	合　计							

二　记账联

主管：　　记账：　　仓库保管：魏　莉　　经办人：潘长华

业务25

收　料　单

供货单位：　　　　　　　　　　　　　　　　　　　凭证编号：

材料类别：原材料　　　　　　　年　　月　　日　　　　　　收料仓库：1#材料库

编号	名称	规格	单位	数量		实际成本			
				应收	实收	单价	金额	运费	合计

主管：　　　　记账：　　　　仓库保管：陈　实　　　　经办人：张　东

业务26

借　款　单

2024年12月11日

工作单位	姓名	借款金额	批准金额	备注
工会	赵晓华	¥2 000.00	¥2 000.00	现金付讫
借款金额（大写）：⊗万 贰 仟 零 佰 零 拾 零 元 零 角 零 分				
借款理由	参加全国工会工作表彰大会。	领导批示	同意。张天元 2024.12.10	

业务27

托收凭证（收账通知）　4

委托日期：2024年12月11日　　　　付款日期：2024年12月11日

业务类型	委托收款（□邮划、☑电划）　托收承付（□邮划、□电划）						
付款人	全称	华联商厦		收款人	全称	安徽方正电子有限责任公司	
	账号	622202345890101			账号	622202337882125	
	地址	安徽省合肥 市/县	开户行 交行中山路支行		地址	安徽省江城 市/县	开户行 工行高新区支行
金额	人民币（大写）：壹拾壹万伍仟元整					千百十万千百十元角分	¥11500000
款项内容	货款	托收凭据名称	商业承兑汇票			附寄单证张数	1
商品发运情况	已发运		合同名称号码				
备注： 复核　记账		款项收妥日期 年　月　日		付款人开户银行签章 2024年12月11日			

交通银行安徽合肥中山路支行 2024年12月11日 转讫

此联作收款人开户银行给收款人的收账通知

业务28

ICBC 中国工商银行　现金支票存根（皖）

Ⅶ Ⅳ05241209

附加信息

出票日期2024年12月14日

收款人：	安徽方正电子有限责任公司
金　额：	4 000.00
用　途：	备用金

单位主管：　　会计：

业务29 1/4

费用报销审批单

部门：供销科　　2024年12月14日

经手人	赵丽丽	事　由	采购材料	
项目名称	金　额	付款方式	汇款	
采购A材料	2 147.00	附件张数	3	
运杂费	109.00	备　注		
合　计	¥2 256.00	大写金额	人民币：贰仟贰佰伍拾陆元整	
公司领导	财务负责人	部门负责人	出　纳	报销人
张天元		李　敏	王　志	赵丽丽

业务29 2/4

安徽增值税专用发票

№ 005287543

3402164060　　发　票　联　　开票日期：2024年12月14日

购买方	名　称：安徽方正电子有限责任公司 纳税人识别号：91340202743072128M 地 址、电 话：江城市白云山路102号　0553-2234786 开户行及账号：工行高新区支行　622202337882125				密码区	（略）	
货物或应税劳务、服务名称	规格型号	单位	数量	单价	金额	税率	税额
*非金属矿物制品*A材料		个	1 000	1.90	1 900.00	13%	247.00
合　计					¥1 900.00		¥247.00
价税合计（大写）	⊗贰仟壹佰肆拾柒元整					（小写）¥2 147.00	
销售方	名　称：临淮市永固电器厂 纳税人识别号：91340202137800231K 地 址、电 话：临淮市二马路432号　0552-3839567 开户行及账号：建行二马路支行　341001213002392				备注		

第三联：发票联　购买方记账凭证

收款人：关小宝　　复核：毛文华　　开票人：伍凯红　　销售方：（章）

（印章：全国统一发票监制章 国家税务总局 安徽省税务局；临淮市永固电器厂 91340202137800231K 发票专用章）

业务29 $\frac{3}{4}$

ICBC 中国工商银行 电汇凭证（回单） 1

委托日期 2024年12月14日 第01389号

汇款人	全 称	安徽方正电子有限责任公司	收款人	全 称	临淮市永固电器厂
	账 号	622202337882125		账 号	341001213002392
	汇出地点	安徽 省 江城 市/县		汇入地点	安徽 省 临淮 市/县
汇出行名称		工行高新区支行	汇入行名称		建行二马路支行
金 额	人民币（大写）	贰仟贰佰伍拾陆元整	千百十万千百十元角分		¥225600
款项已收入收款人账户。 汇入行签章			支付密码		
			附加信息及用途： 购入A材料		2024年12月14日

此联汇出行给汇款人的回单

（印章：中国建设银行安徽临淮二马路支行 2024年12月14日 转讫）

业务29 $\frac{4}{4}$

安徽增值税专用发票

№ 003731624

3403262160 发 票 联 开票日期：2024年12月14日

购买方	名 称：安徽方正电子有限责任公司 纳税人识别号：91340202743072128M 地 址、电 话：江城市白云山路102号 0553-2234786 开户行及账号：工行高新区支行 622202337882125				密码区	（略）	
货物或应税劳务、服务名称	规格型号	单位	数量	单价	金额	税率	税额
*运输服务*运输费					100.00	9%	9.00
合 计					¥100.00		¥9.00
价税合计（大写）	⊗壹佰零玖元整				（小写）¥109.00		
销售方	名 称：一帆运输有限责任公司 纳税人识别号：91340202167323155H 地 址、电 话：临淮市长春路1258号 0552-3839377 开户行及账号：交行长春路支行 128048099152310802				备注	（印章：一帆运输有限责任公司 91340202167323155H 发票专用章）	

收款人：张大伟 复核：陈志刚 开票人：周亚平 销售方：（章）

第三联：发票联 购买方记账凭证

业务30 $\frac{1}{4}$

费用报销审批单

部门：厂部 2024年12月14日

经手人	刘 旭	事 由	支付维修费	
项目名称	金 额	付款方式	转账支票	
汽车维修费	1 480.00	附件张数	2	
		备 注		
合 计	¥1 480.00	大写金额	人民币：壹仟肆佰捌拾元整	
公司领导	财务负责人	部门负责人	出 纳	报销人
张天元		张 利	王 志	刘 旭

业务30 $\frac{2}{4}$

安徽增值税专用发票　　№ 003731624

3404793260　　发　票　联　　开票日期：2024年12月14日

（全国统一发票监制章　国家税务总局　安徽省税务局）

购买方	名　　称：安徽方正电子有限责任公司 纳税人识别号：91340202743072128M 地 址、电 话：江城市白云山路102号　0553-2234786 开户行及账号：工行高新区支行　622202337882125					密码区	（略）
货物或应税劳务、服务名称	规格型号	单位	数量	单价	金额	税率	税额
*修理修配劳务*维修费					1 309.73	13%	170.27
合　计					¥1 309.73		¥170.27
价税合计（大写）	⊗壹仟肆佰捌拾元整					（小写）	¥1 480.00
销售方	名　　称：江城福禧汽车销售服务有限公司 纳税人识别号：91340207591420137L 地 址、电 话：江城市九华南路118号　0553-8471111 开户行及账号：工行城南支行　342000100020920					备注	（江城福禧汽车销售服务有限公司 91340207591420137L 发票专用章）

收款人：卢大伟　　复核：朱文杰　　开票人：赵青青　　销售方：（章）

第三联：发票联　购买方记账凭证

业务30 $\frac{3}{4}$

ICBC

中国工商银行　转账支票存根（皖）

Ⅶ Ⅳ 03345692

附加信息

出票日期 2024年12月14日

收款人：	江城福禧汽车销售服务有限公司
金　额：	1 480.00
用　途：	汽车维修费

单位主管：　　会计：

业务30 $\frac{4}{4}$

ICBC 中国工商银行　进账单（回单）　2

2024年12月14日　　第11026号

付款人	全　称	安徽方正电子有限责任公司	收款人	全　称	江城福禧汽车销售服务有限公司
	账　号	622202337882125		账　号	342000100020920
	开户银行	工行高新区支行		开户银行	工行城南支行
人民币（大写）		壹仟肆佰捌拾元整		千百十万千百十元角分	￥148000
票据种类	转账支票	票据张数	1		
票据号码	03345692				
单位主管：　会计：　复核：　记账：				开户银行签章	

中国工商银行安徽江城高新区支行 2024年12月14日 转讫

此联开户银行交给持（出）票人的回单

业务31 $\frac{1}{3}$

费用报销审批单

部门：厂部　　2024年12月14日

经手人	陆新华	事　由	支付困难补助	
项目名称	金　额	付款方式	现金支票	
付职工生活困难补助费	1 800.00	附件张数	1	
		备　注		
合　计	￥1 800.00	大写金额	人民币：壹仟捌佰元整	
公司领导	财务负责人	部门负责人	出　纳	报销人
张天元		张　利	王　志	陆新华

业务31 $\frac{2}{3}$

费用发放明细表

部门：厂部　　2024年12月14日

序　号	姓　名	金　额	签　名	备　注
1	李　平	500.00	李　平	职工生活困难，经研究予以支付一定数额的困难补助
2	刘　东	400.00	刘　东	
3	何　永	500.00	何　永	
4	王　林	400.00	王　林	
5	—	—	—	
合　计		1 800.00		

制表人：陆新华

业务31 $\frac{3}{3}$

ICBC 中国工商银行　现金支票存根（皖）

Ⅶ Ⅳ 05241210

附加信息

出票日期 2024年12月14日

收款人：	安徽方正电子有限责任公司
金　额：	1 800.00
用　途：	支付职工生活困难补助费

单位主管：　　　会计：

业务32 $\frac{1}{2}$

领　料　单

单位：生产车间　　　　2024年12月15日

货号	品名	单位	请领数量	实发数量	单价	实际金额（元）	用途
	A材料	个	4 000	4 000	2.00	8 000.00	生产产品
	B材料	米	10 000	10 000	1.50	15 000.00	生产产品
	合　计					23 000.00	

领料部门		发料部门		财务部门	
负责人	领料人	核准人	发料人	审　核	会　计
王　齐	王　华	刘　佳	张　东		

业务32 $\frac{2}{2}$

材料发料汇总表

2024年12月15日

项　目	A材料		B材料		C材料		合　计（元）
	数量（个）	金额（元）	数量（米）	金额（元）	数量（千克）	金额（元）	
甲产品	3 000	6 000.00	6 000	9 000.00			15 000.00
乙产品	1 000	2 000.00	4 000	6 000.00			8 000.00
一般耗用							
合　计	4 000	8 000.00	10 000	15 000.00			23 000.00

会计：　　　　复核：吴　华　　　　制表：周　源

业务33 $\frac{3}{3}$

ICBC 中国工商银行　进账单（收账通知）　3

2024年12月15日　　　　第024535号

付款人			收款人		
付款人	全　称	大润发超市	收款人	全　称	安徽方正电子有限责任公司
	账　号	622202366890234		账　号	622202337882125
	开户银行	工行文化路支行		开户银行	工行高新区支行
人民币（大写）		陆万陆仟陆佰柒拾元整		千百十万千百十元角分	¥ 6 6 6 7 0 0 0
票据种类		转账支票	票据张数	1	
票据号码					
单位主管：　会计：　复核：　记账：				开户银行签章	

中国工商银行安徽江城高新区支行　2024年12月15日　转讫

此联收款人开户银行交给收款人的收账通知

业务34

收　料　单

供货单位：　　　　凭证编号：

材料类别：原材料　　　　年　月　日　　　　收料仓库：1#材料库

编号	名称	规格	单位	数量		实际成本			
				应收	实收	单价	金额	运费	合计

主管：　　记账：　　仓库保管：陈　实　　经办人：张　东

业务35

领　料　单

单位：行政部门　　　　2024年12月15日

货号	品名	单位	请领数量	实发数量	单价	实际金额（元）	用途
	C材料	千克	1 000	1 000	3.30	3 300.00	维修
	合　计					3 300.00	

领料部门		发料部门		财务部门	
负责人	领料人	核准人	发料人	审　核	会　计
朱玉明	查　理	刘　佳	张　东		

业务36 $\frac{1}{4}$

费用报销审批单

部门：供销科　　　　2024年12月16日

经手人	王一凡	事　由	支付广告费	
项目名称	金　额	付款方式	转账支票	
支付广告费	6 000.00	附件张数	2	
		备　注		
合　计	¥6 000.00	大写金额	人民币：陆仟元整	
公司领导	财务负责人	部门负责人	出　纳	报销人
张天元		李　敏	王　志	王一凡

业务36 $\frac{2}{4}$

ICBC

中国工商银行　转账支票存根（皖）

Ⅶ Ⅳ03345693

附加信息

出票日期2024年12月16日

收款人：江城市电视台
金　额：6 000.00
用　途：广告宣传费

单位主管：　　　会计：

业务36 $\frac{3}{4}$

ICBC 中国工商银行　进账单（回单）　2

2024年12月16日　　　　第11027号

付款人	全　称	安徽方正电子有限责任公司	收款人	全　称	江城市广播电视传媒有限责任公司
	账　号	622202337882125		账　号	311368164056718
	开户银行	工行高新区支行		开户银行	徽商银行文化路支行

人民币（大写）	千	百	十	万	千	百	十	元	角	分
陆仟元整				¥	6	0	0	0	0	0

票据种类	转账支票	票据张数	1
票据号码	03345693		

单位主管：　　会计：　　复核：　　记账：

中国工商银行安徽江城高新区支行
2024年12月16日
转讫

开户银行签章

此联开户银行交给持（出）票人的回单

业务36 $\frac{4}{4}$

安徽增值税专用发票 № 003431108

发 票 联

3400153320 开票日期：2024年12月16日

购买方	名 称：安徽方正电子有限责任公司 纳税人识别号：91340202743072128M 地 址、电 话：江城市白云山路 102号0553-2234786 开户行及账号：工行高新区支行 622202337882125				密码区	（略）	
货物或应税劳务、服务名称	规格型号	单位	数量	单价	金额	税率	税额
*设计服务*广告费					5 660.38	6%	339.62
合 计					¥5 660.38		¥339.62
价税合计（大写）	⊗陆仟元整						（小写）¥6 000.00
销售方	名 称：江城市广播电视传媒有限责任公司 纳税人识别号：91340202132315508J 地 址、电 话：江城市文化路112号 0553-8471333 开户行及账号：徽商银行文化路支行 311368164056718				备注	江城市广播电视传媒有限责任公司 91340202132315508J 发票专用章	

收款人：施 杰 复核：李 勇 开票人：王大福 销售方：（章）

第三联：发票联 购买方记账凭证

业务37 $\frac{1}{2}$

费用报销审批单

部门：厂部 2024年12月17日

经手人	陆新华	事 由	购买卫生用品	
项目名称	金 额	付款方式	现金	
购买卫生用品	259.90	附件张数	1	
		备 注		
合 计	¥259.90	大写金额	人民币：贰佰伍拾玖元玖角整	
公司领导	财务负责人	部门负责人	出 纳	报销人
张天元		张 利	王 志	陆新华

业务37 $\frac{2}{2}$

安徽增值税专用发票 № 003731889

发 票 联

3406153520 开票日期：2024年12月17日

购买方	名 称：安徽方正电子有限责任公司 纳税人识别号：91340202743072128M 地 址、电 话：江城市白云山路102号 0553-2234786 开户行及账号：工行高新区支行 622202337882125				密码区	（略）	
货物或应税劳务、服务名称	规格型号	单位	数量	单价	金额	税率	税额
*日用杂品*拖把		把	20	5.00	100.00	13%	13.00
*纺织产品*抹布		条	40	1.80	72.00	13%	9.36
*日用杂品*扫帚		把	20	2.90	58.00	13%	7.54
合 计					¥230.00		¥29.90
价税合计（大写）	⊗贰佰伍拾玖元玖角整						（小写）¥259.90
销售方	名 称：江城市丰源贸易有限公司 纳税人识别号：91340202151023409T 地 址、电 话：江城市南湖路32号 0553-8471013 开户行及账号：工行南湖路支行 480991523128080210				备注	江城市丰源贸易有限公司 91340202151023409T 发票专用章	

收款人：杨周娜 复核：何一鸣 开票人：李大福 销售方：（章）

第三联：发票联 购买方记账凭证

业务38 $\frac{1}{2}$

差旅费报销单

报销日期：　　　　　　　　　　　　　　　　　　　　　　2024年12月18日

姓名			赵晓华			出差事由	赴北京参加全国工会工作表彰大会							单据9张
起程日期和地点			到达日期和地点			交通工具	车船费	出差补助		住宿费	其他费用		金额合计	
月	日	地点	月	日	地点			天	金额		摘要	金额		
12	11	江城	12	12	北京	火车	620	6	300	1 200	交通费	—	2 120	
12	17	北京	12	18	江城	火车	620				会务费	—	620	
											其他	60	60	附件
合　计							1 240		300	1 200		60	2 800	张

预借金额	¥2 000.00	报销金额	贰仟捌佰元整	应退金额		应补金额	¥800.00

单位负责人签章：张天元　　　　财务负责人签章：　　　　出差人签章：赵晓华

业务38 $\frac{2}{2}$

北京增值税专用发票

№ 002515489

1100341755　　　　发　票　联　　　　开票日期：2024年12月17日

购买方	名　　称：安徽方正电子有限责任公司 纳税人识别号：91340202743072128M 地 址、电 话：江城市白云山路102号　0553-2234786 开户行及账号：工行高新区支行　622202337882125	密码区	（略）

货物或应税劳务、服务名称	规格型号	单位	数量	单价	金额	税率	税额
*住宿服务*住宿费					1 132.08	6%	67.92
合　计					¥1 132.08		¥67.92
价税合计（大写）	⊗壹仟贰佰元整					（小写）	¥1 200.00

销售方	名　　称：7天快捷酒店中关村分店 纳税人识别号：91110100560341655Q 地 址、电 话：北京市中关村北路5018号　010-12345678 开户行及账号：建行东海路支行　230030487790125	备注	7天快捷酒店中关村分店 91110100560341655Q 发票专用章

收款人：　　　　复核：　　　　开票人：霍子英　　　　销售方：（章）

第三联：发票联　购买方记账凭证

业务39

ICBC 中国工商银行　现金支票存根（皖）

Ⅶ Ⅳ05241211

附加信息

出票日期2024年12月18日

收款人：	安徽方正电子有限责任公司
金　额：	2 000.00
用　途：	备用金

单位主管：　　　会计：

业务41 1/2

费用报销审批单

部门：厂部　　　2024年12月18日

经手人	陆新华	事　由	修理办公设备	
项目名称	金　额	付款方式	现金	
修理费	582.00	附件张数	1	
		备　注		
合　计	¥582.00	大写金额	人民币：伍佰捌拾贰元整	
公司领导签字	财务负责人	部门负责人	出　纳	报销人
张天元		张　利	王　志	陆新华

业务41 2/2

安徽增值税专用发票　　№ 013033211

发　票　联

3400124809　　　　开票日期：2024年12月18日

（印章：全国统一发票监制章 国家税务总局 安徽省税务局）

购买方	名　　称：安徽方正电子有限责任公司 纳税人识别号：91340202743072128M 地 址、 电 话：江城市白云山路102号　0553-2234786 开户行及账号：工行高新区支行　622202337882125				密码区	（略）	
货物或应税劳务、服务名称	规格型号	单位	数量	单价	金额	税率	税额
*修理修配劳务*维修费					515.04	13%	66.96
合　计					¥515.04		¥66.96
价税合计（大写）	⊗伍佰捌拾贰元整					（小写）¥582.00	
销售方	名　　称：江城市昌盛设备修理有限公司 纳税人识别号：91340207151031507S 地 址、 电 话：江城市中山路316号　0553-8716486 开户行及账号：工行中山路支行　34200009872145				备注	（印章：江城市昌盛设备修理有限公司 91340207151031507S 发票专用章）	

收款人：赵亦秋　　复核：李慧文　　开票人：丁大卫　　销售方：（章）

第三联：发票联　购买方记账凭证

业务42

ICBC 中国工商银行　进账单（收账通知）　3

2024年12月19日　　　　第450234号

付款人	全　称	泰兴商店	收款人	全　称	安徽方正电子有限责任公司
	账　号	622202346590918		账　号	622202337882125
	开户银行	交行淮海路支行		开户银行	工行高新区支行
人民币（大写）	陆仟元整			千百十万千百十元角分	¥600000
票据种类	转账支票	票据张数	1		
票据号码					
单位主管：　会计：　复核：　记账：				开户银行签章	

（印章：中国工商银行安徽江城高新区支行 2024年12月19日 转讫）

此联是收款人开户银行交给收款人的收账通知

业务43 $\frac{1}{2}$

医疗费用报销审批单

部门：生产车间　　2024年12月19日

姓　名	单据金额	实报金额	审批金额
李媛媛			
报销事由			
合　计			
实际报销金额（大写）			
公司领导	财务负责人	会　计	出　纳
张天元		杨　鸿	王　志

业务43 $\frac{2}{2}$

安徽增值税专用发票

3400708124　　发　票　联　　№ 053034788

开票日期：2024年12月16日

购买方	名　称：安徽方正电子有限责任公司 纳税人识别号：91340202743072128M 地 址、电 话：江城市白云山路102号　0553-2234786 开户行及账号：工行高新区支行　622202337882125				密码区	（略）	
货物或应税劳务、服务名称	规格型号	单位	数量	单价	金额	税率	税额
*化学药品原药*西药费 *中成药*牛黄解毒丸 合　计					500.00	6% 6%	30.00
价税合计（大写）	⊗				（小写）¥		
销售方	名　称：江城市第二人民医院 纳税人识别号：91340202154528611Y 地 址、电 话：江城市九华中路316号　0553-4321123 开户行及账号：工行九华中路支行　34500015572308				备注	江城市第二人民医院 91340202154528611Y 发票专用章	

收款人：吴伟民　　复核：万雯雯　　开票人：杨志丹　　销售方：（章）

第三联：发票联　购买方记账凭证

注：“中成药”行的“金额”栏按“100×学号最后1位”填列。如果学号最后1位为0，则按10进行计算。

业务44 $\frac{1}{3}$

安徽增值税专用发票 № 004243684

3402163260 此联不作报销、扣税凭证使用 开票日期：2024年12月20日

购买方	名　　称：大禹公司 纳税人识别号：91340101607812345D 地 址、电 话：江城市北京路212号 0553-2586723 开户行及账号：交行北京路支行 6220325891985				密码区	（略）	
货物或应税劳务、服务名称	规格型号	单位	数量	单价	金额	税率	税额
*家用音视频设备*甲产品		件	300	218.00	65 400.00	13%	8 502.00
合　计					¥65 400.00		¥8 502.00
价税合计（大写）	⊗柒万叁仟玖佰零贰元整				（小写）¥73 902.00		
销售方	名　　称：安徽方正电子有限责任公司 纳税人识别号：91340202743072128M 地 址、电 话：江城市白云山路102号 0553-2234786 开户行及账号：工行高新区支行 622202337882125				备注	[印章：安徽方正电子有限责任公司 91340202743072128M 发票专用章]	

收款人：吴功伟　　复核：郝　建　　开票人：李春花　　销售方：（章）

[印章：全国统一发票监制章 国家税务总局 安徽省税务局]

第一联：记账联　销售方记账凭证

业务44 $\frac{2}{3}$

ICBC 中国工商银行　进账单（收账通知）　3

2024年12月20日　　第000212号

付款人	全　称	大禹公司	收款人	全　称	安徽方正电子有限责任公司
	账　号	6220325891985		账　号	622202337882125
	开户银行	交行北京路支行		开户银行	工行高新区支行
人民币（大写）	柒万叁仟玖佰零贰元整			千百十万千百十元角分	¥7390200
票据种类	转账支票	票据张数	1		
票据号码					
单位主管：　会计：　复核：　记账：				开户银行签章	

[印章：中国工商银行安徽江城高新区支行 2024年12月20日 转讫]

此联是收款人开户银行交给收款人的收账通知

业务44 $\frac{3}{3}$

产品出库单

仓库：2#仓库　　　　2024年12月20日　　　　编号：18003

编号	名称	规格	单位	数量		单价	金额	备注
				请领	实发			
	甲产品		件	300	300			
合　计				300	300			

二记账联

主管：　　记账：　　仓库保管：魏　莉　　经办人：潘长华

业务45

ICBC 中国工商银行　进账单（收账通知）　3

2024年12月21日　　　　第000558号

付款人		收款人	
全　称	华联商厦	全　称	安徽方正电子有限责任公司
账　号	622202345890101	账　号	622202337882125
开户银行	交行中山路支行	开户银行	工行高新区支行

人民币（大写）	千	百	十	万	千	百	十	元	角	分
壹拾伍万元整		¥	1	5	0	0	0	0	0	0

票据种类	转账支票	票据张数	1
票据号码			

单位主管：　会计：　复核：　记账：　　　　开户银行签章

（印章：中国工商银行安徽江城高新区支行 2024年12月21日 转讫）

此联是收款人开户银行交给收款人的收账通知

业务46

托收凭证（付款通知）　5

委托日期2024年12月21日　　　　付款日期2024年12月21日

业务类型：委托收款（□邮划、□电划）　托收承付（□邮划、□电划）

付款人		收款人	
全称	安徽方正电子有限责任公司	全称	安徽锦程塑料厂
账号	622202337882125	账号	05512577884790
地址	安徽省江城 市县　开户行 工行高新区支行	地址	安徽省合肥 市县　开户行 建行香港路支行

金额 人民币（大写）	千	百	十	万	千	百	十	元	角	分
肆万零肆佰元整			¥	4	0	4	0	0	0	0

款项内容	货款	托收凭据名称	商业承兑汇票	附寄单证张数	1
商品发运情况			合同名称号码		

备注：

付款人开户银行收到日期　　年　月　日

付款人开户银行签章　　2024年12月21日

复核　　记账

（印章：中国工商银行安徽江城高新区支行 2024年12月21日 转讫）

此联作付款人开户行给付款人的付款通知

业务47 $\frac{1}{2}$

安徽增值税专用发票　　№ 004243686

3402163260　　此联不作报销、扣税凭证使用　　开票日期：2024年12月22日

购买方	名　　称：华联商厦 纳税人识别号：91340101607812345H 地址、电话：江城市中山路588号　0553-847[illegible] 开户行及账号：交行中山路支行　622202345890101				密码区	（略）		
货物或应税劳务、服务名称	规格型号	单位	数量	单价	金额	税率	税额	
*家用音视频设备*乙产品		件	1 000	114.00	114 000.00	13%	14 820.00	
合　计					¥114 000.00		¥14 820.00	
价税合计（大写）	⊗壹拾贰万捌仟捌佰贰拾元整					（小写）¥128 820.00		
销售方	名　　称：安徽方正电子有限责任公司 纳税人识别号：91340202743072128M 地址、电话：江城市白云山路102号　0553-2234786 开户行及账号：工行高新区支行　622202337882125				备注			

收款人：吴功伟　　复核：郝　建　　开票人：李春花　　销售方：（章）

第一联：记账联　销售方记账凭证

（印章：全国统一发票监制章　国家税务总局　安徽省税务局）

（印章：安徽方正电子有限责任公司　91340202743072128M　发票专用章）

业务47 $\frac{2}{2}$

产品出库单

仓库：2#仓库　　2024年12月22日　　编号：18004

编号	名称	规格	单位	数量		单价	金额	备注
				请领	实发			
	乙产品		件	1 000	1 000			
合　计				1 000	1 000			

主管：　　记账：　　仓库保管：魏　莉　　经办人：潘长华

二记账联

业务48

ICBC

中国工商银行　现金支票存根（皖）

Ⅶ Ⅳ05241212

附加信息

出票日期 2024年12月22日

收款人：	安徽方正电子有限责任公司
金　额：	6 000.00
用　途：	备用金

单位主管：　　会计：

业务49 1/2

费用报销审批单

部门：厂部　　2024年12月23日

经手人	刘 洋	事 由	支付汽油费	
项目名称	金 额	付款方式	现金	
汽油费	3 250.00	附件张数	1	
		备 注		
合 计	¥3 250.00	大写金额	人民币：叁仟贰佰伍拾元整	
公司领导	财务负责人	部门负责人	出 纳	报销人
张天元		张 利	王 志	刘 洋

业务49 2/2

安徽增值税专用发票

№ 011506128

3400048518　　发 票 联　　开票日期：2024年12月22日

购买方	名 称：安徽方正电子有限责任公司 纳税人识别号：91340202743072128M 地 址、电 话：江城市白云山路102号 0553-2234786 开户行及账号：工行高新区支行 622202337882125				密码区	（略）	
货物或应税劳务、服务名称	规格型号	单位	数量	单价	金额	税率	税额
*石油制品*汽油					2 876.11	13%	373.89
合 计					¥2 876.11		¥373.89
价税合计（大写）	⊗叁仟贰佰伍拾元整				（小写）¥3 250.00		
销售方	名 称：中石化江城市城北加油站 纳税人识别号：91340202167324955Z 地 址、电 话：江城市花津南路415号 0553-8121341 开户行及账号：工行花津南路支行 128048099152310802				备注	中石化江城市城北加油站 91340202167324955Z 发票专用章	

收款人：刘大宝　　复核：王洪亮　　开票人：段芝贵　　销售方：（章）

第三联：发票联 购买方记账凭证

业务50 1/2

费用报销审批单

部门：财务科　　2024年12月23日

经手人	王志刚等	事 由	支付继续教育费	
项目名称	金 额	付款方式	现金	
职工教育经费	480.00	附件张数	1	
		备 注	财务科4人参加培训，计480元	
合 计	¥480.00	大写金额	人民币：肆佰捌拾元整	
公司领导	财务负责人	部门负责人	出 纳	报销人
张天元		钱友伟	王 志	王志刚

业务50 $\frac{2}{2}$

安徽增值税专用发票

№ 021321301

3400018485　　发票联　　开票日期：2024年12月23日

购买方	名　称：安徽方正电子有限责任公司 纳税人识别号：91340202743072128M 地 址、电 话：江城市白云山路102号　0553-2234786 开户行及账号：工行高新区支行　622202337882125				密码区	（略）	
货物或应税劳务、服务名称	规格型号	单位	数量	单价	金额	税率	税额
*生活服务*培训费					452.83	6%	27.17
合　计					¥452.83		¥27.17
价税合计（大写）	⊗肆佰捌拾元整					（小写）¥480.00	
销售方	名　称：江城市会计咨询服务有限公司 纳税人识别号：91340202001323155Z 地 址、电 话：江城市长江路198号　0553-1245875 开户行及账号：交行长江路支行　128099020152310848				备注	江城市会计咨询服务有限公司 91340202001323155Z 发票专用章	

收款人：　　复核：　　开票人：陈　旺　　销售方：（章）

第三联：发票联　购买方记账凭证

业务51 $\frac{1}{3}$

费用报销审批单

部门：厂部　　2024年12月24日

经手人	杨　慧	事　由	工会举行元旦晚会	
项目名称	金　额	付款方式	现金	
茶水费、服装费等	1 872.36	附件张数	2	
		备　注		
合　计	¥1 872.36	大写金额	人民币：壹仟捌佰柒拾贰元叁角陆分	
公司领导	财务负责人	部门负责人	出　纳	报销人
张天元		张　利	王　志	杨　慧

业务51 $\frac{2}{3}$

安徽增值税普通发票

№ 004831192

3400055470　　发票联　　开票日期：2024年12月24日

购买方	名　称：安徽方正电子有限责任公司 纳税人识别号：91340202743072128M 地 址、电 话：江城市白云山路102号　0553-2234786 开户行及账号：工行高新区支行　622202337882125				密码区	（略）	
货物或应税劳务、服务名称	规格型号	单位	数量	单价	金额	税率	税额
*经营租赁*演出服装租赁费					924.53	6%	55.47
合　计					¥924.53		¥55.47
价税合计（大写）	⊗玖佰捌拾元整					（小写）¥980.00	
销售方	名　称：江城市正点传媒有限责任公司 纳税人识别号：91340202155014932C 地 址、电 话：江城市长江路158号　0553-3363333 开户行及账号：工行文化路支行　480553128080210048				备注	江城市正点传媒有限责任公司 91340202155014932C 发票专用章	

收款人：王　杰　　复核：王华成　　开票人：朱晓东　　销售方：（章）

第二联：发票联　购买方记账凭证

业务52 $\frac{3}{4}$

ICBC 中国工商银行　转账支票存根（皖）

Ⅶ Ⅳ03345619

附加信息

出票日期 2024年12月24日

收款人：	江城市江南渔翁大酒店
金　额：	2 815.00
用　途：	餐饮费

单位主管：　　　会计：

业务52 $\frac{4}{4}$

ICBC 中国工商银行　进账单（回单）　2

2024年12月24日　　　　第11028号

付款人	全　称	安徽方正电子有限责任公司		收款人	全　称	江城市江南渔翁大酒店
	账　号	622202337882125			账　号	622202321253788
	开户银行	工行高新区支行			开户银行	工行上海路支行
人民币（大写）		贰仟捌佰壹拾伍元整			千百十万千百十元角分	¥281500
票据种类		转账支票	票据张数	1		
票据号码		03345619				
单位主管：　会计：　复核：　记账：						开户银行签章

中国工商银行安徽江城高新区支行　2024年12月24日　转讫

此联开户银行交给持（出）票人的回单

业务53 $\frac{1}{4}$

费用报销审批单

部门：厂部　　　　2024年12月25日

经手人	赵丽丽	事　由	购买树苗、草皮等	
项目名称	金　额	付款方式	转账支票	
绿化费	3 125.00	附件张数	2	
		备　注		
合　计	¥3 125.00	大写金额	人民币：叁仟壹佰贰拾伍元整	
公司领导	财务负责人	部门负责人	出　纳	报销人
张天元		张　利	王　志	赵丽丽

业务53 $\frac{2}{4}$

安徽增值税专用发票　　№ 013555012

3400778409　　发　票　联　　开票日期：2024年12月25日

购买方	名　　称：安徽方正电子有限责任公司 纳税人识别号：91340202743072128M 地 址、 电 话：江城市白云山路102号　0553-2234786 开户行及账号：工行高新区支行　622202337882125					密码区	（略）	
货物或应税劳务、服务名称	规格型号	单位	数量	单价	金额	税率	税额	
*园艺产品*园林绿化					2 866.97	9%	258.03	
合　计					¥2 866.97		¥258.03	
价税合计（大写）	⊗叁仟壹佰贰拾伍元整					（小写）¥3 125.00		
销售方	名　　称：江城市绿地花卉有限公司 纳税人识别号：91340202151011109H 地 址、 电 话：江城市临江路558号　0553-1414114 开户行及账号：工行临江路支行　622205378823212					备注		

收款人：李融融　　复核：程小伟　　开票人：陈旺盛　　销售方：（章）

（印章：全国统一发票监制章 国家税务总局 安徽省税务局）

（印章：江城市绿地花卉有限公司 91340202151011109H 发票专用章）

第三联：发票联　购买方记账凭证

业务53 $\frac{3}{4}$

ICBC 中国工商银行　转账支票存根（皖）

Ⅶ Ⅳ 03345694

附加信息

出票日期 2024年12月25日

收款人：	江城市绿地花卉有限公司
金　额：	3 125.00
用　途：	绿化费

单位主管：　　会计：

业务53 $\frac{4}{4}$

ICBC 中国工商银行　进账单（回单）　2

2024年12月25日　　第11029号

付款人	全　称	安徽方正电子有限责任公司		收款人	全　称	江城市绿地花卉有限公司									
	账　号	622202337882125			账　号	622205378823212									
	开户银行	工行高新区支行			开户银行	工行临江路支行									
人民币（大写）		叁仟壹佰贰拾伍元整				千	百	十	万	千	百	十	元	角	分
									¥	3	1	2	5	0	0
票据种类	转账支票	票据张数	1												
票据号码	03345694														
单位主管：　会计：　复核：　记账：				开户银行签章											

（印章：中国工商银行安徽江城高新区支行 2024年12月25日 转讫）

此联开户银行交给持（出）票人的回单

业务54 $\frac{1}{4}$

费用报销审批单

部门：厂部　　2024年12月25日

经手人	赵丽丽	事由	征订2025年报纸杂志	
项目名称	金额	付款方式	转账支票	
报纸杂志费	3 650.00	附件张数	2	
		备注		
合计	¥3 650.00	大写金额	人民币：叁仟陆佰伍拾元整	
公司领导	财务负责人	部门负责人	出纳	报销人
张天元		张利	王志	赵丽丽

业务54 $\frac{2}{4}$

安徽增值税专用发票

№ 003731624

3400557089　　发票联　　开票日期：2024年12月24日

（印章：全国统一发票监制章 国家税务总局 安徽省税务局）

购买方	名称：安徽方正电子有限责任公司 纳税人识别号：91340202743072128M 地址、电话：江城市白云山路102号 0553-2234786 开户行及账号：工行高新区支行 622202337882125	密码区	（略）				
货物或应税劳务、服务名称	规格型号	单位	数量	单价	金额	税率	税额
*印刷品*报纸杂志					3 348.62	9%	301.38
合计					¥3 348.62		¥301.38
价税合计（大写）	⊗叁仟陆佰伍拾元整				（小写）¥3 650.00		
销售方	名称：江城市报业集团有限责任公司 纳税人识别号：91340202151032189B 地址、电话：江城市文化路112号 0553-1515115 开户行及账号：工行文化路支行 622202321205378	备注	（印章：江城市报业集团有限责任公司 91340202151032189B 发票专用章）				

收款人：李辉武　　复核：赵大山　　开票人：顾全志　　销售方：（章）

第三联：发票联 购买方记账凭证

业务54 $\frac{3}{4}$

ICBC 工

中国工商银行 转账支票存根（皖）

Ⅶ Ⅳ03345695

附加信息

出票日期 2024年12月25日

收款人：	江城市报业集团有限责任公司
金额：	3 650.00
用途：	征订报纸杂志

单位主管：　　会计：

业务54 $\frac{4}{4}$

ICBC 中国工商银行　进账单（回单）　2

2024年12月25日　　　　第11030号

付款人	全　称	安徽方正电子有限责任公司		收款人	全　称	江城市报业集团有限责任公司
	账　号	622202337882125			账　号	622202321205378
	开户银行	工行高新区支行			开户银行	工行文化路支行
人民币（大写）		叁仟陆佰伍拾元整			千百十万千百十元角分	¥ 3 6 5 0 0 0
票据种类		转账支票	票据张数	1		
票据号码		03345695				
单位主管：　会计：　复核：　记账：						开户银行签章

中国工商银行安徽江城高新区支行 2024年12月25日 转讫

此联开户银行交给持（出）票人的回单

业务55 $\frac{1}{2}$

费用报销审批单

部门：供销科　　　　2024年12月25日

经手人	王一凡	事　由	在大江晚报答谢广大客户	
项目名称	金　额	付款方式	现金	
广告费		附件张数	1	
		备　注		
合　计		大写金额	人民币：	
公司领导	财务负责人	部门负责人	出　纳	报销人
张天元		李　敏	王　志	王一凡

业务55 $\frac{2}{2}$

安徽增值税专用发票　　№ 003731638

3400447098　　发　票　联　　开票日期：2024年12月25日

全国统一发票监制章 国家税务总局 安徽省税务局

购买方	名　称：安徽方正电子有限责任公司 纳税人识别号：91340202743072128M 地 址、电 话：江城市白云山路102号　0553-2234786 开户行及账号：工行高新区支行　622202337882125					密码区	（略）	
货物或应税劳务、服务名称	规格型号	单位	数量	单价	金额	税率	税额	
*设计服务*广告费						6%		
合　计								
价税合计（大写）	⊗					（小写）¥		
销售方	名　称：江城市报业集团有限责任公司 纳税人识别号：91340202151032189B 地 址、电 话：江城市文化路112号　0553-1515115 开户行及账号：工行文化路支行　622202321205378					备注	江城市报业集团有限责任公司 91340202151032189B 发票专用章	

收款人：李辉武　　复核：赵大山　　开票人：顾全志　　销售方：（章）

第三联：发票联　购买方记账凭证

注：学生按“2 000×学号最后1位（如果为0，则按10计算）”计算金额。

业务56 $\frac{1}{4}$

费用报销审批单

部门：厂部　　　　2024年12月26日

经手人	赵丽丽	事　由	给予职工食堂补助	
项目名称	金　额	付款方式	转账支票	
午餐补助费	4 800.00	附件张数	2	
		备　注		
合　计	¥4 800.00	大写金额	人民币：肆仟捌佰元整	
公司领导	财务负责人	部门负责人	出　纳	报销人
张天元		张　利	王　志	赵丽丽

业务56 $\frac{2}{4}$

收款收据

客户名称：职工餐厅　　　　2024年12月26日

项　目	单　位	数　量	单　价	金额						
				万	千	百	十	元	角	分
职工午餐补助费					4	8	0	0	0	0
合计金额（大写）：肆仟捌佰元整				¥	4	8	0	0	0	0

第二联　收据

填票人：程　辉　　收款人：胡慧慧　　单位盖章：安徽方正电子有限责任公司 职工餐厅

业务56 $\frac{3}{4}$

ICBC 工

中国工商银行　转账支票存根（皖）

Ⅶ Ⅳ03345696

附加信息

出票日期 2024年12月26日

收款人：安徽方正电子有限责任公司职工餐厅

金　额：4 800.00

用　途：职工午餐补助费

单位主管：　　会计：

业务56 $\frac{4}{4}$

ICBC 中国工商银行　进账单（回单）　2

2024年12月26日　　第11031号

付款人	全　称	安徽方正电子有限责任公司	收款人	全　称	安徽方正电子有限责任公司职工餐厅
	账　号	622202337882125		账　号	622202337882126
	开户银行	工行高新区支行		开户银行	工行文化路支行
人民币（大写）		肆仟捌佰元整		千百十万千百十元角分	¥480000
票据种类	转账支票	票据张数	1		
票据号码		03345696			
单位主管：　会计：　复核：　记账：				开户银行签章	

中国工商银行安徽江城高新区支行 2024年12月26日 转讫

此联开户银行交给持（出）票人的回单

业务57 $\frac{1}{2}$

费用报销审批单

部门：厂部　　2024年12月26日

经手人	赵丽丽	事　由	支付本月邮电费	
项目名称	金　额	付款方式	现金	
邮电费	90.00	附件张数	1	
		备　注		
合　计	¥90.00	大写金额	人民币：玖拾元整	
公司领导	财务负责人	部门负责人	出　纳	报销人
张天元		张　利	王　志	赵丽丽

业务57 $\frac{2}{2}$

安徽增值税专用发票　　№ 003731729

3400638055　　发　票　联　　开票日期：2024年12月26日

全国统一发票监制章 国家税务总局 安徽省税务局

购买方	名　　称：安徽方正电子有限责任公司 纳税人识别号：91340202743072128M 地 址、电 话：江城市白云山路102号　0553-2234786 开户行及账号：工行高新区支行　622202337882125				密码区	（略）	
货物或应税劳务、服务名称	规格型号	单位	数量	单价	金额	税率	税额
*电信服务*邮电费					82.57	9%	7.43
合　计					¥82.57		¥7.43
价税合计（大写）	⊗玖拾元整					（小写）¥90.00	
销售方	名　　称：中国邮政集团公司江城分公司 纳税人识别号：91340202151033409Y 地 址、电 话：江城市黄河东路18号　0553-1717117 开户行及账号：工行黄河东路支行　622202912808021				备注		

中国邮政集团公司江城分公司 91340202151033409Y 发票专用章

收款人：何丽娜　　复核：朱和军　　开票人：王大川　　销售方：（章）

第三联：发票联　购买方记账凭证

业务 58 $\frac{1}{3}$

安徽增值税专用发票

№ 004243685

3402163260　　此联不作报销、扣税凭证使用　　开票日期：2024年12月26日

购买方	名　　称：华联商厦 纳税人识别号：91340101607812345H 地 址、电 话：江城市中山路588号　0553-8471088 开户行及账号：交行中山路支行　622202345890101					密码区	（略）	
货物或应税劳务、服务名称	规格型号	单位	数量	单价	金额	税率	税额	
*家用音视频设备*甲产品		件	800	230.00	184 000.00	13%	23 920.00	
*家用音视频设备*乙产品		件	500	114.00	57 000.00	13%	7 410.00	
合　计					¥241 000.00		¥31 330.00	
价税合计（大写）	⊗贰拾柒万贰仟叁佰叁拾元整						（小写）¥272 330.00	
销售方	名　　称：安徽方正电子有限责任公司 纳税人识别号：91340202743072128M 地 址、电 话：江城市白云山路102号　0553-2234786 开户行及账号：工行高新区支行　622202337882125					备注	安徽方正电子有限责任公司 91340202743072128M 发票专用章	

收款人：吴功伟　　复核：郝　建　　开票人：李春花　　销售方：（章）

第一联：记账联　销售方记账凭证

业务 58 $\frac{2}{3}$

产品出库单

仓库：2#仓库　　2024年12月26日　　编号：18005

编号	名称	规格	单位	数量		单价	金额	备注
				请领	实发			
	甲产品		件	800	800			
	乙产品		件	500	500			
合　计				1 300	1 300			

主管：　　记账：　　仓库保管：魏　莉　　经办人：潘长华

二　记账联

业务 58 $\frac{3}{3}$

ICBC 中国工商银行　进账单（收账通知）　3

2024年12月26日　　第000560号

付款人	全　称	华联商厦		收款人	全　称	安徽方正电子有限责任公司									
	账　号	622202345890101			账　号	622202337882125									
	开户银行	交行中山路支行			开户银行	工行高新区支行									
人民币（大写）		贰拾柒万贰仟叁佰叁拾元整				千	百	十	万	千	百	十	元	角	分
							¥	2	7	2	3	3	0	0	0
票据种类	转账支票	票据张数	1												
票据号码															
单位主管：　会计：　复核：　记账：				开户银行签章											

中国工商银行安徽江城高新区支行　2024年12月26日　转讫

此联收款人开户银行交给收款人的收账通知

业务59 $\frac{1}{4}$

费用报销审批单

部门：厂部　　　　2024年12月26日

经手人	陆新华	事　由	希望工程捐款	
项目名称	金　额	付款方式	转账支票	
捐款	50 000.00	附件张数	2	
		备　注		
合　计	¥50 000.00	大写金额	人民币：伍万元整	
公司领导	财务负责人	部门负责人	出　纳	报销人
张天元		张　利	王　志	陆新华

业务59 $\frac{2}{4}$

安徽省公益事业捐赠统一票据

财政部票据监制章 安徽省 财政厅监制

国财：江城市税务局

捐赠人：安徽方正电子有限责任公司　　2024年12月26日　　NO.2100145

捐赠项目	实物（外币）种类	数　量	金　额
希望工程捐款	人民币		50 000.00
金额合计（小写）：¥50 000.00			
金额合计（大写）：伍万元整			

中国希望工程基金会江城分会 财务专用章

接收单位：中国希望工程基金会江城分会　　复核人：何　宇　　开票人：李春花

业务59 $\frac{3}{4}$

ICBC

中国工商银行　转账支票存根（皖）

Ⅶ Ⅳ03345697

附加信息

出票日期2024年12月26日

收款人：	中国希望工程基金会江城分会
金　额：	50 000.00
用　途：	向希望工程捐款

单位主管：　　会计：

业务 59 $\frac{4}{4}$

ICBC 中国工商银行　进账单（回单）　2

2024年12月26日　　　　第11032号

付款人	全　称	安徽方正电子有限责任公司	收款人	全　称	中国希望工程基金会江城分会
	账　号	622202337882125		账　号	622202337882166
	开户银行	工行高新区支行		开户银行	工行文化路支行
人民币（大写）	伍万元整			千百十万千百十元角分	¥ 5 0 0 0 0 0 0
票据种类	转账支票	票据张数	1		
票据号码	03345697				
单位主管：　会计：　复核：　记账：				开户银行签章	

（印章：中国工商银行安徽江城高新区支行 2024年12月26日 转讫）

此联开户银行交给持（出）票人的回单

业务 60 $\frac{1}{2}$

安徽增值税专用发票　　№ 004243688

3402163260　　此联不作报销、扣税凭证使用　　开票日期：2024年12月28日

购买方	名　称：大润发超市 纳税人识别号：91340101607865436D 地址、电话：江城市文化路108号　0553-8471222 开户行及账号：工行文化路支行　622202366890234				密码区	（略）	
货物或应税劳务、服务名称	规格型号	单位	数量	单价	金额	税率	税额
*家用音视频设备*乙产品		件	300	120.00	36 000.00	13%	4 680.00
合　计					¥36 000.00		¥4 680.00
价税合计（大写）	⊗肆万零陆佰捌拾元整					（小写）¥40 680.00	
销售方	名　称：安徽方正电子有限责任公司 纳税人识别号：91340202743072128M 地址、电话：江城市白云山路102号　0553-2234786 开户行及账号：工行高新区支行　622202337882125				备注		

收款人：吴功伟　　复核：郝　建　　开票人：李春花　　销售方：（章）

（印章：国家税务总局 安徽省税务局 发票监制章）（印章：安徽方正电子有限责任公司 91340202743072128M 发票专用章）

第一联：记账联　销售方记账凭证

业务 60 $\frac{2}{2}$

产品出库单

仓库：2#仓库　　2024年12月28日　　编号：18006

编号	名称	规格	单位	数量 请领	数量 实发	单价	金额	备注
	乙产品		件	300	300			
合　计				300	300			

主管：　　记账：　　仓库保管：魏　莉　　经办人：潘长华

二记账联

业务61

固定资产折旧提取计算表

2024年12月28日

使用部门	固定资产类别	月初应计提折旧固定资产原值（元）	月折旧率	月折旧额（元）
生产车间	房屋及建筑物	1 800 000	0.2%	3 600
	机器设备	1 300 000	0.3%	3 900
管理部门	房屋及建筑物	1 000 000	0.2%	2 000
	办公设备	100 000	0.5%	500
合　计		4 200 000		10 000

财务负责人：　　审核：　　制单：赵丽丽

业务62

ICBC 中国工商银行　计付贷款利息清单（付款通知）

账号：32-98812675　　2024年12月28日

单位名称	安徽方正电子有限责任公司	结算账号	622202337882125	你单位上述贷款利息已从你单位结算户如数支付。此致 贷款单位（银行盖章）
计息起讫日期	2024年9月28日 起 2024年12月27日 止			
计息账号	计息总积数（元）	季利率	利息金额（元）	
	400 000	1.5%	6 000.00	

（印章：中国工商银行安徽江城高新区支行 2024年12月28日 转讫）

业务63 $\frac{1}{3}$

费用报销审批单

部门：厂部　　2024年12月28日

经手人	陆新华	事　由	支付电费	
项目名称	金　额	付款方式	转账	
电费	24 408.00	附件张数	2	
		备　注		
合　计	¥24 408.00	大写金额	人民币：贰万肆仟肆佰零捌元整	
公司领导	财务负责人	部门负责人	出　纳	报销人
张天元		张　利	王　志	陆新华

业务64 $\frac{2}{2}$

用电分配表

2024年12月28日

使用部门或产品	耗电量（度）	分配率	金额（元）
甲产品	8 000		
乙产品	6 000		
生产车间	1 000		
行政管理部门	3 000		
合　计	18 000		

财务负责人：　　　　审核：　　　　制单：赵丽丽

业务65 $\frac{1}{4}$

费用报销审批单

部门：财务科　　　　2024年12月29日

经手人	赵田	事　由	支付印花税	
项目名称	金　额	付款方式	转账支票	
印花税	191.00	附件张数	2	
		备　注		
合　计	¥191.00	大写金额	人民币：壹佰玖拾壹元整	
公司领导	财务负责人	部门负责人	出　纳	报销人
张天元			王　志	赵　田

业务65 $\frac{2}{4}$

非税收入一般缴款书（收据）　4

№0312908

填制日期：2024年12月29日　　执收单位名称：江城市税务局　　执收单位编码：30504004

付款人			收款人		
全　称	安徽方正电子有限责任公司		全　称	江城市税务局	
账　号	622202337882125		账　号	100113681640015888	
开户银行	工行高新区支行		开户银行	工行政府新区直属支行	
币种：人民币	金额（大写）：壹佰玖拾壹元整			（小写）：¥191.00	
项目编码	收入项目名称	单位	数量	收费标准	金额
1707	账簿等印花税税票	张	5		¥191.00
执收单位（盖章）　　经办人（签章）				备注：	

执收单位给付款人的收据

业务65 $\frac{3}{4}$

ICBC 中国工商银行　转账支票存根（皖）

Ⅶ Ⅳ03345698

附加信息

出票日期 2024年12月29日

收款人：	江城市税务局
金　额：	191.00
用　途：	支付印花税

单位主管：　　会计：

业务65 $\frac{4}{4}$

ICBC 中国工商银行　进账单（回单）　2

2024年12月29日　　第11033号

付款人	全　称	安徽方正电子有限责任公司	收款人	全　称	江城市税务局
	账　号	622202337882125		账　号	100113681640015888
	开户银行	工行高新区支行		开户银行	工行政府新区直属支行
人民币（大写）	壹佰玖拾壹元整			千百十万千百十元角分	¥19100
票据种类	转账支票	票据张数	1		
票据号码	03345698				
单位主管：　会计：　复核：　记账：				开户银行签章	

中国工商银行安徽江城高新区支行 2024年12月29日 转讫

此联开户银行交给持（出）票人的回单

业务66 $\frac{1}{2}$

费用报销审批单

部门：厂部　　2024年12月29日

经手人	赵丽丽	事　由	购买办公用品	
项目名称	金　额	付款方式	现金	
办公费	600.00	附件张数	1	
		备　注		
合　计	¥600.00	大写金额	人民币：陆佰元整	
公司领导	财务负责人	部门负责人	出　纳	报销人
张天元		张　利	王　志	赵丽丽

业务66 $\frac{2}{2}$

安徽增值税专用发票　№ 003732589

3402708023　发　票　联　开票日期：2024年12月28日

购买方	名称：安徽方正电子有限责任公司 纳税人识别号：91340202743072128M 地址、电话：江城市白云山路102号　0553-2234786 开户行及账号：工行高新区支行　622202337882125				密码区	（略）	
货物或应税劳务、服务名称	规格型号	单位	数量	单价	金额	税率	税额
*计算机配套产品*打印机硒鼓		个	3	176.99	530.97	13%	69.03
合　计					¥530.97		¥69.03
价税合计（大写）	⊗陆佰元整				（小写）¥600.00		
销售方	名称：江城市丰源贸易有限公司 纳税人识别号：91340202151023409T 地址、电话：江城市南湖路32号　0553-8471013 开户行及账号：工行南湖路支行　480991523128080210				备注	江城市丰源贸易有限公司 91340202151023409T 发票专用章	

收款人：杨周娜　复核：何一鸣　开票人：李大福　销售方：（章）

第三联：发票联　购买方记账凭证

业务67 $\frac{1}{2}$

费用报销审批单

部门：财务科　2024年12月30日

经手人	吴迪	事由	归还借款	
项目名称	金额	付款方式	转账支票	
归还短期借款	300 000.00	附件张数	1	
		备注		
合计	¥300 000.00	大写金额	人民币：叁拾万元整	
公司领导	财务负责人	部门负责人	出纳	报销人
张天元		钱友伟	王志	吴迪

业务67 $\frac{2}{2}$

ICBC 中国工商银行　贷款还款凭证

2024年12月30日

借款单位名称	安徽方正电子有限责任公司	贷款账号	98650032	结算账号	622202337882125
还款金额（大写）	叁拾万元整				千 百 十 万 千 百 十 元 角 分 ¥ 3 0 0 0 0 0 0 0
贷款种类	流动资金借款	借出日期	2024年6月29日	约定还款日期	2024年12月29日
上列款项从本单位往来户如数支付。 单位签章				银行盖章	中国工商银行安徽江城高新区支行 2024年12月30日 转讫

印章：安徽方正电子有限责任公司 财务专用章；张天元印

第一联

业务68 $\frac{1}{4}$

费用报销审批单

部门：生产车间　　　　2024年12月30日

经手人	丁颖	事　由	支付车间取暖费等	
项目名称	金　额	付款方式	转账支票	
取暖费	662.36	附件张数	2	
设备维修配件	1 217.58	备　注		
合　计	¥1 879.94	大写金额	人民币：壹仟捌佰柒拾玖元玖角肆分	
公司领导	财务负责人	部门负责人	出　纳	报销人
张天元		华富民	王　志	丁　颖

业务68 $\frac{2}{4}$

安徽增值税专用发票

№ 003733189

3402708021　　　　发　票　联　　　　开票日期：2024年12月30日

购买方	名　　称：安徽方正电子有限责任公司 纳税人识别号：91340202743072128M 地 址、电 话：江城市白云山路102号　0553-2234786 开户行及账号：工行高新区支行　622202337882125					密码区	（略）
货物或应税劳务、服务名称	规格型号	单位	数量	单价	金额	税率	税额
*煤炭*无烟煤		千克	340	1.724	586.16	13%	76.20
*电子元件*设备配件		个	250	4.310	1 077.50	13%	140.08
合　计					¥1 663.66		¥216.28
价税合计（大写）	⊗壹仟捌佰柒拾玖元玖角肆分						（小写）¥1 879.94
销售方	名　　称：江城市丰源贸易有限公司 纳税人识别号：91340202151023409T 地 址、电 话：江城市南湖路32号　0553-8471013 开户行及账号：工行南湖路支行　480991523128080210					备注	江城市丰源贸易有限公司 91340202151023409T 发票专用章

收款人：杨周娜　　复核：何一鸣　　开票人：李大福　　销售方：（章）

第三联：发票联　购买方记账凭证

业务68 $\frac{3}{4}$

ICBC 中国工商银行　转账支票存根（皖）

Ⅶ Ⅳ03345699

附加信息

出票日期 2024年12月30日

收款人：江城市丰源贸易有限公司
金　额：1 879.94
用　途：支付车间取暖费等

单位主管：　　会计：

业务68 $\frac{4}{4}$

ICBC 中国工商银行　进账单（回单）　2

2024年12月30日　　第11034号

付款人	全　称	安徽方正电子有限责任公司	收款人	全　称	江城市丰源贸易有限公司
	账　号	622202337882125		账　号	480991523128080210
	开户银行	工行高新区支行		开户银行	工行南湖路支行
人民币（大写）		壹仟捌佰柒拾玖元玖角肆分		千百十万千百十元角分	¥187994
票据种类	转账支票	票据张数	1		
票据号码	03345699				
单位主管：　会计：　复核：　记账：				开户银行签章	

中国工商银行安徽江城高新区支行 2024年12月30日 转讫

此联开户银行交给持（出）票人的回单

业务69 $\frac{1}{5}$

费用报销审批单

部门：厂部　　2024年12月30日

经手人	陆新华	事　由	购买复印机	
项目名称	金　额	付款方式	转账支票	
购买复印机	4 640.00	附件张数	3	
		备　注		
合　计	¥4 640.00	大写金额	人民币：肆仟陆佰肆拾元整	
公司领导	财务负责人	部门负责人	出　纳	报销人
张天元		张　利	王　志	陆新华

业务69 $\frac{2}{5}$

安徽增值税专用发票　№ 005523109

3400044315　　发　票　联　　开票日期：2024年12月30日

全国统一发票监制章 国家税务总局 安徽省税务局

购买方	名　　称：安徽方正电子有限责任公司 纳税人识别号：91340202743072128M 地 址、电 话：江城市白云山路102号　0553-2234786 开户行及账号：工行高新区支行　622202337882125			密码区	（略）		
货物或应税劳务、服务名称	规格型号	单位	数量	单价	金额	税率	税额
*复印胶版印制设备*三星复印机		台	1	4 106.19	4 106.19	13%	533.81
合　计					¥4 106.19		¥533.81
价税合计（大写）	⊗肆仟陆佰肆拾元整				（小写）¥4 640.00		
销售方	名　　称：江城苏宁电器股份有限公司 纳税人识别号：91340202743033988S 地 址、电 话：江城市深圳路58号　0553-1898891 开户行及账号：工行深圳路支行　622260022004180			备注			

收款人：王小红　复核：朱时茂　开票人：曹　琳　销售方：（章）

江城苏宁电器股份有限公司 91340202743033988S 发票专用章

第三联：发票联　购买方记账凭证

业务69 $\frac{3}{5}$

ICBC 中国工商银行 转账支票存根（皖）

Ⅶ Ⅳ03345700

附加信息

出票日期2024年12月30日

收款人：	江城苏宁电器股份有限公司
金 额：	¥4 640.00
用 途：	购买复印机

单位主管： 会计：

业务69 $\frac{4}{5}$

ICBC 中国工商银行 进账单（回单） 2

2024年12月30日 第11035号

付款人	全 称	安徽方正电子有限责任公司	收款人	全 称	江城苏宁电器股份有限公司
	账 号	622202337882125		账 号	622260022004180
	开户银行	工行高新区支行		开户银行	工行深圳路支行
人民币（大写）		肆仟陆佰肆拾元整		千百十万千百十元角分	¥464000
票据种类	转账支票	票据张数	1		
票据号码		03345700			
单位主管： 会计： 复核： 记账：				开户银行签章	

中国工商银行安徽江城高新区支行 2024年12月30日 转讫

此联开户银行交给持（出）票人的回单

业务69 $\frac{5}{5}$

固定资产交接（验收）单

2024年12月30日

固定资产编号	名称	规格	型号	计量单位	数量	建造单位	建造编号	资金来源	备注
0512	复印机			台	1	三星		自有	
总价	买价	安装费	运杂费	包装费	其他	原值		预计年限	净残值率
	4 106.19元					4 106.19元		5	5%
用途	办公用			使用部门		办公室		已提折旧	
验收意见	合格，交付使用		验收人签章	陆新华		保管人签章		童俊娥	

业务70 $\frac{1}{4}$

费用报销审批单

部门：厂部　　2024年12月30日

经手人	陆新华	事　由	支付水费	
项目名称	金　额	付款方式	委托收款	
水费	10 848.00	附件张数	3	
		备　注		
合　计	¥10 848.00	大写金额	人民币：壹万零捌佰肆拾捌元整	
公司领导	财务负责人	部门负责人	出　纳	报销人
张天元		张　利	王　志	陆新华

业务70 $\frac{2}{4}$

安徽增值税专用发票

№ 006033709

3400044267　　发　票　联　　开票日期：2024年12月30日

购买方	名　称：安徽方正电子有限责任公司 纳税人识别号：91340202743072128M 地 址、电 话：江城市白云山路102号 0553-2234786 开户行及账号：工行高新区支行 622202337882125				密码区	（略）	
货物或应税劳务、服务名称	规格型号	单位	数量	单价	金额	税率	税额
*自来水*水费		立方米	8 000	1.20	9 600.00	13%	1 248.00
合　计					¥9 600.00		¥1 248.00
价税合计（大写）	⊗壹万零捌佰肆拾捌元整				（小写）¥10 848.00		
销售方	名　称：江城市自来水公司 纳税人识别号：91340202001323156Z 地 址、电 话：江城市长江路111号 0553-5335335 开户行及账号：工行长江路支行 622200220038132				备注	江城市自来水公司 91340202001323156Z 发票专用章	

收款人：姜大勇　　复核：米　莉　　开票人：王　猛　　销售方：（章）

第三联：发票联 购买方记账凭证

业务70 $\frac{3}{4}$

托收凭证（付款通知）　5

委托日期：2024年12月30日　　付款日期：2024年12月30日

业务类型	委托收款（□邮划、□电划）　托收承付（□邮划、□电划）						
付款人 全称	安徽方正电子有限责任公司		收款人 全称	江城市自来水公司			
账号	622202337882125		账号	622200220038132			
地址	安徽省江城 市县	开户行 工行高新区支行	地址	安徽省江城 市县	开户行 工行长江路支行		
金额	人民币（大写）：壹万零捌佰肆拾捌元整			千百十万千百十元角分	¥1 0 8 4 8 0 0		
款项内容	水费	托收凭据名称	增值税专用发票、水费单	附寄单证张数	2		
商品发运情况			合同名称号码				
备注： 付款人开户银行收到日期 2024年12月30日 复核　记账		付款人开户银行签章 2024年12月30日					

中国工商银行安徽江城高新区支行 2024年12月30日 转讫

此联作付款人开户行给付款人的付款通知

业务70 $\frac{4}{4}$

用水分配表

2024年12月30日

使用部门	耗水量（立方米）	分配率	金额（元）
生产车间	5 000		
行政部门	2 500		
销售部门	500		
合　计	8 000		

财务负责人：　　　　审核：　　　　制单：赵丽丽

业务71

ICBC

中国工商银行　现金支票存根（皖）

Ⅶ Ⅳ05241213

附加信息

出票日期2024年12月30日

收款人：	安徽方正电子有限责任公司
金　额：	3 000.00
用　途：	备用金

单位主管：　　　　会计：

业务72

制造费用分配表

年　月　日　　　　金额单位：元

分配对象（产品）	分配标准（生产工人工资）	分配率（单位成本）	分摊金额
合　计			

会计：　　　　复核：　　　　制表：

注：分配率（单位成本）保留4位小数。

业务73

产品入库单

年　月　日　　　　金额单位：元

产品编号	产品名称	计量单位	实收数量	单位成本	总成本
合　计					

主管：　　保管：　　交库：　　会计：

业务74 $\frac{1}{2}$

产品成本计算表

年　月　日　　　　金额单位：元

产品名称	单位	月初结存		本月入库		本月合计		
		数量	总成本	数量	总成本	数量	加权平均单位成本	总成本
合　计								

会计主管：　　复核：　　制表：

注：加权平均单位成本保留2位小数。

业务74 $\frac{2}{2}$

主营业务成本计算表

年　月　日　　　　金额单位：元

产品名称	计量单位	销售数量	单位成本	销售总成本
合　计				

财务负责人：　　制单：

业务75 $\frac{1}{2}$

应交增值税计算表

年 月 日 单位：元

当期销项税额	当期进项税额	当期进项税额转出	已交税金	应交增值税

复核： 制表：

业务75 $\frac{2}{2}$

应交城市维护建设税和教育费附加计算表

年 月 日 金额单位：元

税（费）种	计税（费）依据			税（费）率	应纳税（费）额
	增值税	消费税	合计		
城市维护建设税				7%	
教育费附加				3%	
合计					

复核： 制表：

业务76

ICBC 中国工商银行 计付存款利息清单（收款通知）

账号：71-911 2024年12月31日

单位名称	安徽方正电子有限责任公司	结算账号	622202337882125	你单位上述存款利息已收入你单位账户。 此致 存款单位 （银行盖章） 中国工商银行安徽江城高新区支行 2024年 [illegible] 转讫
计息起讫日期	2024年7月31日 起 2024年12月31日 止			
计息账号	计息总积数	利率	利息金额	
	12 130 000	0.5‰	606.50	

业务77 $\frac{1}{2}$

本月成本费用类账户发生额汇总表

2024年12月

序　号	账户名称	借方发生额
1	主营业务成本	
2	其他业务成本	
3	税金及附加	
4	销售费用	
5	管理费用	
6	财务费用	
7	营业外支出	
	合　计	

会计主管：　　　　　　复核：　　　　　　制表：

业务77 $\frac{2}{2}$

本月收入类账户发生额汇总表

2024年12月

序　号	账户名称	贷方发生额
1	主营业务收入	
2	其他业务收入	
3	投资收益	
4	营业外收入	
	合　计	

会计主管：　　　　　　复核：　　　　　　制表：

业务78

企业所得税计算表

2024年 1 月 1 日至2024年 12 月 31 日　　　　金额单位：元

全年会计利润	纳税调整项目	应纳税所得额	适用税率	本年应交所得税
			25%	

会计主管：　　　　　　复核：　　　　　　制表：

业务79

利润分配计算表

2024年度

金额单位：元

项　目	利润分配基数	分配比例	分配金额
法定盈余公积		10%	
对外分配利润		40%	
合　计			

会计主管：　　　　复核：　　　　制表：

项目五

处理期末工作

任务一　对账

对账就是对账簿记录进行核对。为了保证各种账簿记录的完整和正确，为编制会计报表提供真实、可靠的数据资料，必须做好对账工作。对账包括账证核对、账账核对、账实核对。

总账、明细账余额试算平衡表见表5-1。

表5-1　　总账、明细账余额试算平衡表

总账账户名称	期末余额	所属明细账户名称	期末余额

任务二　结账

按照《会计基础工作规范》的要求，各单位应当按照规定定期结账。

1.库存现金日记账和银行存款日记账必须逐日结出余额。

2.每一账页登记完毕结转下页时，都应当结出本页合计数及余额，写在本页最后一行和下页第一行有关栏内，并在“摘要”栏内注明“过次页”或“承前页”字样；也可以将本页合计数及金额只写在下页第一行有关栏内，并在“摘要”栏内注明“承前页”字样。

3.对需要结计本月发生额的账户，结计“过次页”的本页合计数应当为自本月初起至本页末止的发生额合计数；对需要结计本年累计发生额的账户，结计“过次页”的本页合计数应当为自年初起至本页末止的累计数；对既不需要结计本月发生额也不需要结计本年累计发生额的账户，可以只将每页末的余额结转次页。

4.结账前，必须将本期内所发生的各项经济业务全部登记入账。

5.结账时，应当结出每个账户的期末余额。需要结出当月发生额的，应当在“摘要”栏内注明“本月合计”字样，并在下面通栏划单红线；需要结出本年累计发生额的，应当在摘要栏内注明“本年累计”字样，并在下面通栏划单红线。12月末的“本年累计”就是全年累计发生额，全年累计发生额下面应当通栏划双红线。年度终了结账时，所有总账账户都应当结出全年累计发生额和年末余额。

6.年度终了，要把各账户的余额结转到下一会计年度，并在“摘要”栏内注明“结转下年”字样；在下一会计年度新建有关会计账簿的第一行余额栏内填写上年结转的余额，并在“摘要”栏内注明“上年结转”字样。

任务三　编制会计报表

各单位必须按照国家统一会计制度的规定，定期编制会计报表。会计报表的编制依据是经过对账后准确无误的会计账簿资料以及其他相关资料。为了简化核算工作，本实训仅编制资产负债表和利润表（见表5-2和表5-3）。

表5-2　资产负债表

安徽方正电子有限责任公司

会企01表

编制单位：　　　　年　月　日　　　　单位：元

资　产	期末余额	年初余额	负债和所有者权益（或股东权益）	期末余额	年初余额
流动资产：			流动负债：		
货币资金			短期借款		
交易性金融资产			应付票据		
应收票据			应付账款		
应收账款			预收款项		
预付款项			应付职工薪酬		
其他应收款			应交税费		
存货			其他应付款		
合同资产			持有待售负债		
持有待售资产			一年内到期的非流动负债		
流动资产合计			流动负债合计		
非流动资产：			非流动负债：		
债权投资			长期借款		
其他债权投资			长期应付款		
长期股权投资			非流动负债合计		
固定资产			负债合计		
在建工程			所有者权益（或股东权益）：		
生产性生物资产			实收资本（或股本）		
油气资产			资本公积		
无形资产			其他综合收益		
开发支出			盈余公积		
长期待摊费用			未分配利润		
非流动资产合计			所有者权益合计		
资产总计			负债和所有者权益（或股东权益）总计		

单位负责人：　　　　财务负责人：　　　　制表人：

表5-3　　利润表

会企02表

编制单位：　　　　年度　　　　单位：元

项　目	本期金额	上期金额
一、营业收入		
减：营业成本		
税金及附加		
销售费用		
管理费用		
研发费用		
财务费用		
其中：利息费用		
利息收入		
加：其他收益		
投资收益（损失以“-”号填列）		
其中：对联营企业和合营企业的投资收益		
公允价值变动收益（损失以“-”号填列）		
信用减值损失（损失以“-”号填列）		
资产减值损失（损失以“-”号填列）		
资产处置收益（损失以“-”号填列）		
二、营业利润（亏损以“-”号填列）		
加：营业外收入		
减：营业外支出		
三、利润总额（亏损总额以“-”号填列）		
减：所得税费用		
四、净利润（净亏损以“-”号填列）		
五、其他综合收益的税后净额		
六、综合收益总额		

单位负责人：　　　　财务负责人：　　　　制表人：

安徽方正电子有限责任公司

附录

空白记账凭证、账页、报表及其他资料

记账凭证封面

年 月

编号

单位名称	安徽方正电子有限责任公司
册　数	第　册共　册
起讫编号	自第　号至第　号止共计　张
起讫日期	自20　年　月　日至20　年　月　日止
凭证张数	记账凭证　张 附件　张

财务主管：　　复核：　　装订：

记账凭证封面

年 月

编号

单位名称	安徽方正电子有限责任公司
册　数	第　册共　册
起讫编号	自第　号至第　号止共计　张
起讫日期	自20　年　月　日至20　年　月　日止
凭证张数	记账凭证　张 附件　张

财务主管：　　复核：　　装订：

记账凭证封面

年 月

编号

单位名称	安徽方正电子有限责任公司
册 数	第 册共 册
起讫编号	自第 号至第 号止共计 张
起讫日期	自20 年 月 日至20 年 月 日止
凭证张数	记账凭证 张 附件 张

财务主管： 复核： 装订：

记账凭证封面

年 月

编号

单位名称	安徽方正电子有限责任公司
册 数	第 册共 册
起讫编号	自第 号至第 号止共计 张
起讫日期	自20 年 月 日至20 年 月 日止
凭证张数	记账凭证 张 附件 张

财务主管： 复核： 装订：

记账凭证

年 月 日

总 号	
分 号	

摘 要	会计科目		借方金额	贷方金额	记账符号
	一级科目	明细科目			
合 计					

附件 张

会计主管： 记账： 审核： 制单：

记账凭证

年 月 日

总 号	
分 号	

摘 要	会计科目		借方金额	贷方金额	记账符号
	一级科目	明细科目			
合 计					

附件 张

会计主管： 记账： 审核： 制单：

记账凭证

年 月 日

总 号	
分 号	

摘 要	会计科目		借方金额	贷方金额	记账符号
	一级科目	明细科目			
合 计					

附件 张

会计主管： 记账： 审核： 制单：

记账凭证

年　月　日

总号	
分号	

摘要	会计科目		借方金额	贷方金额	记账符号
	一级科目	明细科目			
合计					

附件　张

会计主管：　　记账：　　审核：　　制单：

记账凭证

年　月　日

总号	
分号	

摘要	会计科目		借方金额	贷方金额	记账符号
	一级科目	明细科目			
合计					

附件　张

会计主管：　　记账：　　审核：　　制单：

记账凭证

年　月　日

总号	
分号	

摘要	会计科目		借方金额	贷方金额	记账符号
	一级科目	明细科目			
合计					

附件　张

会计主管：　　记账：　　审核：　　制单：

记账凭证

年　月　日

总号	
分号	

摘要	会计科目		借方金额	贷方金额	记账符号
	一级科目	明细科目			
合计					

附件　张

会计主管：　　记账：　　审核：　　制单：

记账凭证

年　月　日

总号	
分号	

摘要	会计科目		借方金额	贷方金额	记账符号
	一级科目	明细科目			
合计					

附件　张

会计主管：　　记账：　　审核：　　制单：

记账凭证

年　月　日

总号	
分号	

摘要	会计科目		借方金额	贷方金额	记账符号
	一级科目	明细科目			
合计					

附件　张

会计主管：　　记账：　　审核：　　制单：

总号	
分号	

记账凭证

年　月　日

摘　要	会计科目		借方金额	贷方金额	记账符号
	一级科目	明细科目			
合　计					

附件　张

会计主管：　记账：　审核：　制单：

总号	
分号	

记账凭证

年　月　日

摘　要	会计科目		借方金额	贷方金额	记账符号
	一级科目	明细科目			
合　计					

附件　张

会计主管：　记账：　审核：　制单：

总号	
分号	

记账凭证

年　月　日

摘　要	会计科目		借方金额	贷方金额	记账符号
	一级科目	明细科目			
合　计					

附件　张

会计主管：　记账：　审核：　制单：

记账凭证

年 月 日

总号	
分号	

摘要	会计科目		借方金额	贷方金额	记账符号
	一级科目	明细科目			
合计					

附件 张

会计主管： 记账： 审核： 制单：

记账凭证

年 月 日

总号	
分号	

摘要	会计科目		借方金额	贷方金额	记账符号
	一级科目	明细科目			
合计					

附件 张

会计主管： 记账： 审核： 制单：

记账凭证

年 月 日

总号	
分号	

摘要	会计科目		借方金额	贷方金额	记账符号
	一级科目	明细科目			
合计					

附件 张

会计主管： 记账： 审核： 制单：

记账凭证

年　月　日

总号	
分号	

摘要	会计科目		借方金额	贷方金额	记账符号
	一级科目	明细科目			
合计					

附件　张

会计主管：　　记账：　　审核：　　制单：

记账凭证

年　月　日

总号	
分号	

摘要	会计科目		借方金额	贷方金额	记账符号
	一级科目	明细科目			
合计					

附件　张

会计主管：　　记账：　　审核：　　制单：

记账凭证

年　月　日

总号	
分号	

摘要	会计科目		借方金额	贷方金额	记账符号
	一级科目	明细科目			
合计					

附件　张

会计主管：　　记账：　　审核：　　制单：

记账凭证

总号	
分号	

年　月　日

摘要	会计科目		借方金额	贷方金额	记账符号
	一级科目	明细科目			
合计					

附件　张

会计主管：　记账：　审核：　制单：

记账凭证

总号	
分号	

年　月　日

摘要	会计科目		借方金额	贷方金额	记账符号
	一级科目	明细科目			
合计					

附件　张

会计主管：　记账：　审核：　制单：

记账凭证

总号	
分号	

年　月　日

摘要	会计科目		借方金额	贷方金额	记账符号
	一级科目	明细科目			
合计					

附件　张

会计主管：　记账：　审核：　制单：

记账凭证

年　月　日

总号	
分号	

摘要	会计科目		借方金额	贷方金额	记账符号
	一级科目	明细科目			
合计					

附件　张

会计主管：　记账：　审核：　制单：

记账凭证

年　月　日

总号	
分号	

摘要	会计科目		借方金额	贷方金额	记账符号
	一级科目	明细科目			
合计					

附件　张

会计主管：　记账：　审核：　制单：

记账凭证

年　月　日

总号	
分号	

摘要	会计科目		借方金额	贷方金额	记账符号
	一级科目	明细科目			
合计					

附件　张

会计主管：　记账：　审核：　制单：

记账凭证

年　月　日

总号	
分号	

摘　要	会计科目		借方金额	贷方金额	记账符号
	一级科目	明细科目			
合　计					

附件　　张

会计主管：　　记账：　　审核：　　制单：

记账凭证

年　月　日

总号	
分号	

摘　要	会计科目		借方金额	贷方金额	记账符号
	一级科目	明细科目			
合　计					

附件　　张

会计主管：　　记账：　　审核：　　制单：

记账凭证

年　月　日

总号	
分号	

摘　要	会计科目		借方金额	贷方金额	记账符号
	一级科目	明细科目			
合　计					

附件　　张

会计主管：　　记账：　　审核：　　制单：

记账凭证

年　月　日

总号	
分号	

摘要	会计科目		借方金额	贷方金额	记账符号
	一级科目	明细科目			
合计					

附件　张

会计主管：　　记账：　　审核：　　制单：

记账凭证

年　月　日

总号	
分号	

摘要	会计科目		借方金额	贷方金额	记账符号
	一级科目	明细科目			
合计					

附件　张

会计主管：　　记账：　　审核：　　制单：

记账凭证

年　月　日

总号	
分号	

摘要	会计科目		借方金额	贷方金额	记账符号
	一级科目	明细科目			
合计					

附件　张

会计主管：　　记账：　　审核：　　制单：

记账凭证

年　月　日

总 号	
分 号	

摘　要	会计科目		借方金额	贷方金额	记账符号
	一级科目	明细科目			
合　计					

附件　张

会计主管：　记账：　审核：　制单：

记账凭证

年　月　日

总 号	
分 号	

摘　要	会计科目		借方金额	贷方金额	记账符号
	一级科目	明细科目			
合　计					

附件　张

会计主管：　记账：　审核：　制单：

记账凭证

年　月　日

总 号	
分 号	

摘　要	会计科目		借方金额	贷方金额	记账符号
	一级科目	明细科目			
合　计					

附件　张

会计主管：　记账：　审核：　制单：

记账凭证

总 号	
分 号	

年　月　日

摘　要	会计科目		借方金额	贷方金额	记账符号
	一级科目	明细科目			
合　计					

附件　张

会计主管：　记账：　审核：　制单：

记账凭证

总 号	
分 号	

年　月　日

摘　要	会计科目		借方金额	贷方金额	记账符号
	一级科目	明细科目			
合　计					

附件　张

会计主管：　记账：　审核：　制单：

记账凭证

总 号	
分 号	

年　月　日

摘　要	会计科目		借方金额	贷方金额	记账符号
	一级科目	明细科目			
合　计					

附件　张

会计主管：　记账：　审核：　制单：

记账凭证

年 月 日

总号	
分号	

摘要	会计科目		借方金额	贷方金额	记账符号
	一级科目	明细科目			
合计					

附件 张

会计主管： 记账： 审核： 制单：

记账凭证

年 月 日

总号	
分号	

摘要	会计科目		借方金额	贷方金额	记账符号
	一级科目	明细科目			
合计					

附件 张

会计主管： 记账： 审核： 制单：

记账凭证

年 月 日

总号	
分号	

摘要	会计科目		借方金额	贷方金额	记账符号
	一级科目	明细科目			
合计					

附件 张

会计主管： 记账： 审核： 制单：

记账凭证

年　月　日

总号	
分号	

摘要	会计科目		借方金额	贷方金额	记账符号
	一级科目	明细科目			
合计					

附件　张

会计主管：　记账：　审核：　制单：

记账凭证

年　月　日

总号	
分号	

摘要	会计科目		借方金额	贷方金额	记账符号
	一级科目	明细科目			
合计					

附件　张

会计主管：　记账：　审核：　制单：

记账凭证

年　月　日

总号	
分号	

摘要	会计科目		借方金额	贷方金额	记账符号
	一级科目	明细科目			
合计					

附件　张

会计主管：　记账：　审核：　制单：

记 账 凭 证

年　月　日

总 号	
分 号	

摘　要	会计科目		借方金额	贷方金额	记账符号
	一级科目	明细科目			
合　计					

附件　张

会计主管：　记账：　审核：　制单：

记 账 凭 证

年　月　日

总 号	
分 号	

摘　要	会计科目		借方金额	贷方金额	记账符号
	一级科目	明细科目			
合　计					

附件　张

会计主管：　记账：　审核：　制单：

记 账 凭 证

年　月　日

总 号	
分 号	

摘　要	会计科目		借方金额	贷方金额	记账符号
	一级科目	明细科目			
合　计					

附件　张

会计主管：　记账：　审核：　制单：

记账凭证

总号	
分号	

年　月　日

摘要	会计科目		借方金额	贷方金额	记账符号
	一级科目	明细科目			
合计					

附件　张

会计主管：　记账：　审核：　制单：

记账凭证

总号	
分号	

年　月　日

摘要	会计科目		借方金额	贷方金额	记账符号
	一级科目	明细科目			
合计					

附件　张

会计主管：　记账：　审核：　制单：

记账凭证

总号	
分号	

年　月　日

摘要	会计科目		借方金额	贷方金额	记账符号
	一级科目	明细科目			
合计					

附件　张

会计主管：　记账：　审核：　制单：

记账凭证

年 月 日

总 号	
分 号	

摘 要	会计科目		借方金额	贷方金额	记账符号
	一级科目	明细科目			
合 计					

附件 张

会计主管： 记账： 审核： 制单：

记账凭证

年 月 日

总 号	
分 号	

摘 要	会计科目		借方金额	贷方金额	记账符号
	一级科目	明细科目			
合 计					

附件 张

会计主管： 记账： 审核： 制单：

记账凭证

年 月 日

总 号	
分 号	

摘 要	会计科目		借方金额	贷方金额	记账符号
	一级科目	明细科目			
合 计					

附件 张

会计主管： 记账： 审核： 制单：

记账凭证

年　月　日

总号	
分号	

摘　要	会计科目		借方金额	贷方金额	记账符号
	一级科目	明细科目			
合　计					

附件　张

会计主管：　记账：　审核：　制单：

记账凭证

年　月　日

总号	
分号	

摘　要	会计科目		借方金额	贷方金额	记账符号
	一级科目	明细科目			
合　计					

附件　张

会计主管：　记账：　审核：　制单：

记账凭证

年　月　日

总号	
分号	

摘　要	会计科目		借方金额	贷方金额	记账符号
	一级科目	明细科目			
合　计					

附件　张

会计主管：　记账：　审核：　制单：

记账凭证

年　月　日

总号	
分号	

摘　要	会计科目		借方金额	贷方金额	记账符号
	一级科目	明细科目			
合　计					

附件　张

会计主管：　记账：　审核：　制单：

记账凭证

年　月　日

总号	
分号	

摘　要	会计科目		借方金额	贷方金额	记账符号
	一级科目	明细科目			
合　计					

附件　张

会计主管：　记账：　审核：　制单：

记账凭证

年　月　日

总号	
分号	

摘　要	会计科目		借方金额	贷方金额	记账符号
	一级科目	明细科目			
合　计					

附件　张

会计主管：　记账：　审核：　制单：

记 账 凭 证

年　　月　　日

总 号	
分 号	

摘　要	会计科目		借方金额	贷方金额	记账符号
	一级科目	明细科目			
合　计					

附件　　张

会计主管：　　　　记账：　　　　审核：　　　　制单：

记 账 凭 证

年　　月　　日

总 号	
分 号	

摘　要	会计科目		借方金额	贷方金额	记账符号
	一级科目	明细科目			
合　计					

附件　　张

会计主管：　　　　记账：　　　　审核：　　　　制单：

记 账 凭 证

年　　月　　日

总 号	
分 号	

摘　要	会计科目		借方金额	贷方金额	记账符号
	一级科目	明细科目			
合　计					

附件　　张

会计主管：　　　　记账：　　　　审核：　　　　制单：

记账凭证

年　月　日

总号	
分号	

摘要	会计科目		借方金额	贷方金额	记账符号
	一级科目	明细科目			
合计					

附件　张

会计主管：　记账：　审核：　制单：

记账凭证

年　月　日

总号	
分号	

摘要	会计科目		借方金额	贷方金额	记账符号
	一级科目	明细科目			
合计					

附件　张

会计主管：　记账：　审核：　制单：

记账凭证

年　月　日

总号	
分号	

摘要	会计科目		借方金额	贷方金额	记账符号
	一级科目	明细科目			
合计					

附件　张

会计主管：　记账：　审核：　制单：

记账凭证

年 月 日

总 号	
分 号	

摘 要	会计科目		借方金额	贷方金额	记账符号
	一级科目	明细科目			
合 计					

附件 张

会计主管： 记账： 审核： 制单：

记账凭证

年 月 日

总 号	
分 号	

摘 要	会计科目		借方金额	贷方金额	记账符号
	一级科目	明细科目			
合 计					

附件 张

会计主管： 记账： 审核： 制单：

记账凭证

年 月 日

总 号	
分 号	

摘 要	会计科目		借方金额	贷方金额	记账符号
	一级科目	明细科目			
合 计					

附件 张

会计主管： 记账： 审核： 制单：

记账凭证

年　月　日

总号	
分号	

摘要	会计科目		借方金额	贷方金额	记账符号
	一级科目	明细科目			
合计					

附件　张

会计主管：　记账：　审核：　制单：

记账凭证

年　月　日

总号	
分号	

摘要	会计科目		借方金额	贷方金额	记账符号
	一级科目	明细科目			
合计					

附件　张

会计主管：　记账：　审核：　制单：

记账凭证

年　月　日

总号	
分号	

摘要	会计科目		借方金额	贷方金额	记账符号
	一级科目	明细科目			
合计					

附件　张

会计主管：　记账：　审核：　制单：

记账凭证

年　月　日

总 号	
分 号	

摘　要	会计科目		借方金额	贷方金额	记账符号
	一级科目	明细科目			
合　计					

附件　张

会计主管：　记账：　审核：　制单：

记账凭证

年　月　日

总 号	
分 号	

摘　要	会计科目		借方金额	贷方金额	记账符号
	一级科目	明细科目			
合　计					

附件　张

会计主管：　记账：　审核：　制单：

记账凭证

年　月　日

总 号	
分 号	

摘　要	会计科目		借方金额	贷方金额	记账符号
	一级科目	明细科目			
合　计					

附件　张

会计主管：　记账：　审核：　制单：

记账凭证

年　月　日

总号	
分号	

摘要	会计科目		借方金额	贷方金额	记账符号
	一级科目	明细科目			
合计					

附件　张

会计主管：　　记账：　　审核：　　制单：

记账凭证

年　月　日

总号	
分号	

摘要	会计科目		借方金额	贷方金额	记账符号
	一级科目	明细科目			
合计					

附件　张

会计主管：　　记账：　　审核：　　制单：

记账凭证

年　月　日

总号	
分号	

摘要	会计科目		借方金额	贷方金额	记账符号
	一级科目	明细科目			
合计					

附件　张

会计主管：　　记账：　　审核：　　制单：

记账凭证

年　月　日

总号	
分号	

摘要	会计科目		借方金额	贷方金额	记账符号
	一级科目	明细科目			
合计					

附件　张

会计主管：　记账：　审核：　制单：

记账凭证

年　月　日

总号	
分号	

摘要	会计科目		借方金额	贷方金额	记账符号
	一级科目	明细科目			
合计					

附件　张

会计主管：　记账：　审核：　制单：

记账凭证

年　月　日

总号	
分号	

摘要	会计科目		借方金额	贷方金额	记账符号
	一级科目	明细科目			
合计					

附件　张

会计主管：　记账：　审核：　制单：

记账凭证

年　月　日

总号	
分号	

摘要	会计科目		借方金额	贷方金额	记账符号
	一级科目	明细科目			
合计					

附件　张

会计主管：　记账：　审核：　制单：

记账凭证

年　月　日

总号	
分号	

摘要	会计科目		借方金额	贷方金额	记账符号
	一级科目	明细科目			
合计					

附件　张

会计主管：　记账：　审核：　制单：

记账凭证

年　月　日

总号	
分号	

摘要	会计科目		借方金额	贷方金额	记账符号
	一级科目	明细科目			
合计					

附件　张

会计主管：　记账：　审核：　制单：

记账凭证

年　月　日

总号	
分号	

摘要	会计科目		借方金额	贷方金额	记账符号
	一级科目	明细科目			
合计					

附件　张

会计主管：　记账：　审核：　制单：

记账凭证

年　月　日

总号	
分号	

摘要	会计科目		借方金额	贷方金额	记账符号
	一级科目	明细科目			
合计					

附件　张

会计主管：　记账：　审核：　制单：

记账凭证

年　月　日

总号	
分号	

摘要	会计科目		借方金额	贷方金额	记账符号
	一级科目	明细科目			
合计					

附件　张

会计主管：　记账：　审核：　制单：

记账凭证

年　月　日

总 号	
分 号	

摘　要	会计科目		借方金额	贷方金额	记账符号
	一级科目	明细科目			
合　计					

附件　张

会计主管：　记账：　审核：　制单：

记账凭证

年　月　日

总 号	
分 号	

摘　要	会计科目		借方金额	贷方金额	记账符号
	一级科目	明细科目			
合　计					

附件　张

会计主管：　记账：　审核：　制单：

记账凭证

年　月　日

总 号	
分 号	

摘　要	会计科目		借方金额	贷方金额	记账符号
	一级科目	明细科目			
合　计					

附件　张

会计主管：　记账：　审核：　制单：

记账凭证

年　月　日

总号	
分号	

摘要	会计科目		借方金额	贷方金额	记账符号
	一级科目	明细科目			
合计					

附件　张

会计主管：　　记账：　　审核：　　制单：

记账凭证

年　月　日

总号	
分号	

摘要	会计科目		借方金额	贷方金额	记账符号
	一级科目	明细科目			
合计					

附件　张

会计主管：　　记账：　　审核：　　制单：

记账凭证

年　月　日

总号	
分号	

摘要	会计科目		借方金额	贷方金额	记账符号
	一级科目	明细科目			
合计					

附件　张

会计主管：　　记账：　　审核：　　制单：

记账凭证

年　月　日

总号	
分号	

摘　要	会计科目		借方金额	贷方金额	记账符号
	一级科目	明细科目			
合　计					

附件　张

会计主管：　记账：　审核：　制单：

记账凭证

年　月　日

总号	
分号	

摘　要	会计科目		借方金额	贷方金额	记账符号
	一级科目	明细科目			
合　计					

附件　张

会计主管：　记账：　审核：　制单：

记账凭证

年　月　日

总号	
分号	

摘　要	会计科目		借方金额	贷方金额	记账符号
	一级科目	明细科目			
合　计					

附件　张

会计主管：　记账：　审核：　制单：

记账凭证

年 月 日

总 号	
分 号	

摘 要	会计科目		借方金额	贷方金额	记账符号
	一级科目	明细科目			
合 计					

附件 张

会计主管： 记账： 审核： 制单：

记账凭证

年 月 日

总 号	
分 号	

摘 要	会计科目		借方金额	贷方金额	记账符号
	一级科目	明细科目			
合 计					

附件 张

会计主管： 记账： 审核： 制单：

记账凭证

年 月 日

总 号	
分 号	

摘 要	会计科目		借方金额	贷方金额	记账符号
	一级科目	明细科目			
合 计					

附件 张

会计主管： 记账： 审核： 制单：

科目汇总表

2024 年 12 月 1 日至 12 月 15 日　　　　字第＿＿号

会计科目	借方										贷方									
	千	百	十	万	千	百	十	元	角	分	千	百	十	万	千	百	十	元	角	分
库存现金																				
银行存款																				
其他货币资金																				
交易性金融资产																				
应收票据																				
应收账款																				
其他应收款																				
在途物资																				
原材料																				
短期借款																				
应付职工薪酬																				
应交税费																				
实收资本																				
资本公积																				
生产成本																				
制造费用																				
主营业务收入																				
销售费用																				
管理费用																				
财务费用																				
投资收益																				
营业外收入																				
营业外支出																				
所得税费用																				
合 计																				

记账凭证自　　号至　　号共　　张

会计主管：　　　　记账：　　　　审核：　　　　制单：

科目汇总表

2024 年 12 月 1 日至 12 月 15 日　　　　字第＿＿号

会计科目	借方										贷方									
	千	百	十	万	千	百	十	元	角	分	千	百	十	万	千	百	十	元	角	分
库存现金																				
银行存款																				
其他货币资金																				
交易性金融资产																				
应收票据																				
应收账款																				
其他应收款																				
在途物资																				
原材料																				
短期借款																				
应付职工薪酬																				
应交税费																				
实收资本																				
资本公积																				
生产成本																				
制造费用																				
主营业务收入																				
销售费用																				
管理费用																				
财务费用																				
投资收益																				
营业外收入																				
营业外支出																				
所得税费用																				
合计																				

记账凭证自　　号至　　号共　　张

会计主管：　　　　记账：　　　　审核：　　　　制单：

科目汇总表

2024 年 12 月 16 日至 12 月 31 日　　　　字第______号

会计科目	借方										贷方									
	千	百	十	万	千	百	十	元	角	分	千	百	十	万	千	百	十	元	角	分
库存现金																				
银行存款																				
应收账款																				
其他应收款																				
库存商品																				
累计折旧																				
应付账款																				
应付职工薪酬																				
应交税费																				
应付利息																				
应付股利																				
盈余公积																				
本年利润																				
利润分配																				
生产成本																				
制造费用																				
主营业务收入																				
主营业务成本																				
税金及附加																				
销售费用																				
管理费用																				
财务费用																				
投资收益																				
营业外支出																				
所得税费用																				
合 计																				

记账凭证自　　号至　　号共　　张

会计主管：　　　　记账：　　　　审核：　　　　制单：

科目汇总表

2024年12月16日至12月31日　　　　字第＿＿号

会计科目	借方										贷方									
	千	百	十	万	千	百	十	元	角	分	千	百	十	万	千	百	十	元	角	分
库存现金																				
银行存款																				
应收账款																				
其他应收款																				
库存商品																				
累计折旧																				
应付账款																				
应付职工薪酬																				
应交税费																				
应付利息																				
应付股利																				
盈余公积																				
本年利润																				
利润分配																				
生产成本																				
制造费用																				
主营业务收入																				
主营业务成本																				
税金及附加																				
销售费用																				
管理费用																				
财务费用																				
投资收益																				
营业外支出																				
所得税费用																				
合计																				

记账凭证自　　号至　　号共　　张

会计主管：　　　　记账：　　　　审核：　　　　制单：

科目汇总表

____年____月____日至____月____日　　　　字第____号

会计科目	借方										贷方									
	千	百	十	万	千	百	十	元	角	分	千	百	十	万	千	百	十	元	角	分
合计																				

记账凭证自　号至　号共　张

会计主管：　　记账：　　审核：　　制单：

科目汇总表

______年____月____日至____月____日　　　　　　　　字第______号

会计科目	借方										贷方									
	千	百	十	万	千	百	十	元	角	分	千	百	十	万	千	百	十	元	角	分
合计																				

记账凭证自　　号至　　号共　　张

会计主管：　　　　记账：　　　　审核：　　　　制单：

试算平衡表

总账账户	期初余额		1—15 日汇总		16—31 日汇总		期末余额	
	借方余额	贷方余额	借方余额	贷方余额	借方余额	贷方余额	借方余额	贷方余额
库存现金								
银行存款								
其他货币资金								
交易性金融资产								
应收票据								
应收账款								
预付账款								
其他应收款								
在途物资								
原材料								
库存商品								
周转材料								
固定资产								
累计折旧								
短期借款								
应付票据								
应付账款								
应付职工薪酬								
应交税费								
应付利息								
应付股利								
实收资本								
资本公积								
盈余公积								
本年利润								
利润分配								
生产成本								
制造费用								
主营业务收入								
主营业务成本								
税金及附加								
销售费用								
管理费用								
财务费用								
投资收益								
营业外收入								
营业外支出								
所得税费用								
合计								

试算平衡表

总账账户	期初余额		1—15 日汇总		16—31 日汇总		期末余额	
	借方余额	贷方余额	借方余额	贷方余额	借方余额	贷方余额	借方余额	贷方余额
库存现金								
银行存款								
其他货币资金								
交易性金融资产								
应收票据								
应收账款								
预付账款								
其他应收款								
在途物资								
原材料								
库存商品								
周转材料								
固定资产								
累计折旧								
短期借款								
应付票据								
应付账款								
应付职工薪酬								
应交税费								
应付利息								
应付股利								
实收资本								
资本公积								
盈余公积								
本年利润								
利润分配								
生产成本								
制造费用								
主营业务收入								
主营业务成本								
税金及附加								
销售费用								
管理费用								
财务费用								
投资收益								
营业外收入								
营业外支出								
所得税费用								
合计								

抽出凭证记录

抽出日期			抽出凭证名称	抽出原因	抽出人签字	经管人签字	归还日期			收件人
年	月	日					年	月	日	

抽出凭证记录

抽出日期			抽出凭证名称	抽出原因	抽出人签字	经管人签字	归还日期			收件人
年	月	日					年	月	日	

抽出凭证记录

抽出日期			抽出凭证名称	抽出原因	抽出人签字	经管人签字	归还日期			收件人
年	月	日					年	月	日	

抽出凭证记录

抽出日期			抽出凭证名称	抽出原因	抽出人签字	经管人签字	归还日期			收件人
年	月	日					年	月	日	

安徽方正电子有限责任公司

总 分 类 账

2024 年度

账簿启用及接交表

单位名称	安徽方正电子有限责任公司	安徽方正电子有限责任公司
账簿名称		
账簿编号		
账簿页数		
启用日期	年　月　日	

单位主管		财务主管		复　核		记　账	
姓　名	盖章	姓　名	盖章	姓　名	盖章	姓　名	盖章

接交人员	经　管　人　员		接　管				交　出			
	职　别	姓　名	年	月	日	盖章	年	月	日	盖章
备注										

目　录

会计科目	起止号码	会计科目	起止号码	会计科目	起止号码	会计科目	起止号码
库存现金		存货跌价准备		应付股利		主营业务收入	
银行存款		长期股权投资		应付利息		主营业务成本	
其他货币资金		固定资产		应交税费		税金及附加	
交易性金融资产		累计折旧		其他应付款		其他业务收入	
应收票据		在建工程		长期借款		其他业务成本	
应收账款		固定资产清理		实收资本		销售费用	
其他应收款		无形资产		资本公积		管理费用	
坏账准备		累计摊销		盈余公积		财务费用	
材料采购		长期待摊费用		本年利润		投资收益	
原材料		待处理财产损溢		利润分配		营业外收入	
周转材料		短期借款		基本生产成本		营业外支出	
材料成本差异		应付票据		辅助生产成本		所得税费用	
自制半成品		应付账款		制造费用		资产减值损失	
库存商品		应付职工薪酬				公允价值变动损益	

库存现金 总账

年		凭证		摘要	借方金额										贷方金额										借或贷	余额									
月	日	种类	号数		千	百	十	万	千	百	十	元	角	分	千	百	十	万	千	百	十	元	角	分		千	百	十	万	千	百	十	元	角	分

银行存款 总账

年		凭证		摘要	借方金额										贷方金额										借或贷	余额									
月	日	种类	号数		千	百	十	万	千	百	十	元	角	分	千	百	十	万	千	百	十	元	角	分		千	百	十	万	千	百	十	元	角	分

其他货币资金 总账

年		凭证		摘要	借方金额										贷方金额										借或贷	余额									
月	日	种类	号数		千	百	十	万	千	百	十	元	角	分	千	百	十	万	千	百	十	元	角	分		千	百	十	万	千	百	十	元	角	分

交易性金融资产 总账

年		凭证		摘要	借方金额										贷方金额										借或贷	余额									
月	日	种类	号数		千	百	十	万	千	百	十	元	角	分	千	百	十	万	千	百	十	元	角	分		千	百	十	万	千	百	十	元	角	分

应收票据 总账

年		凭证		摘要	借方金额										贷方金额										借或贷	余额									
月	日	种类	号数		千	百	十	万	千	百	十	元	角	分	千	百	十	万	千	百	十	元	角	分		千	百	十	万	千	百	十	元	角	分

应收账款 总账

年		凭证		摘要	借方金额										贷方金额										借或贷	余额									
月	日	种类	号数		千	百	十	万	千	百	十	元	角	分	千	百	十	万	千	百	十	元	角	分		千	百	十	万	千	百	十	元	角	分

预付账款 总账

年		凭证		摘要	借方金额										贷方金额										借或贷	余额									
月	日	种类	号数		千	百	十	万	千	百	十	元	角	分	千	百	十	万	千	百	十	元	角	分		千	百	十	万	千	百	十	元	角	分

其他应收款 总账

年		凭证		摘要	借方金额										贷方金额										借或贷	余额									
月	日	种类	号数		千	百	十	万	千	百	十	元	角	分	千	百	十	万	千	百	十	元	角	分		千	百	十	万	千	百	十	元	角	分

在途物资 总账

年		凭证		摘要	借方金额										贷方金额										借或贷	余额									
月	日	种类	号数		千	百	十	万	千	百	十	元	角	分	千	百	十	万	千	百	十	元	角	分		千	百	十	万	千	百	十	元	角	分

原材料 总账

年		凭证		摘要	借方金额										贷方金额										借或贷	余额									
月	日	种类	号数		千	百	十	万	千	百	十	元	角	分	千	百	十	万	千	百	十	元	角	分		千	百	十	万	千	百	十	元	角	分

库存商品 总 账

年		凭 证		摘 要	借方金额										贷方金额										借或贷	余 额									
月	日	种类	号数		千	百	十	万	千	百	十	元	角	分	千	百	十	万	千	百	十	元	角	分		千	百	十	万	千	百	十	元	角	分

周转材料 总 账

年		凭 证		摘 要	借方金额										贷方金额										借或贷	余 额									
月	日	种类	号数		千	百	十	万	千	百	十	元	角	分	千	百	十	万	千	百	十	元	角	分		千	百	十	万	千	百	十	元	角	分

固定资产 总账

年		凭证		摘要	借方金额										贷方金额										借或贷	余额									
月	日	种类	号数		千	百	十	万	千	百	十	元	角	分	千	百	十	万	千	百	十	元	角	分		千	百	十	万	千	百	十	元	角	分

累计折旧 总账

年		凭证		摘要	借方金额										贷方金额										借或贷	余额									
月	日	种类	号数		千	百	十	万	千	百	十	元	角	分	千	百	十	万	千	百	十	元	角	分		千	百	十	万	千	百	十	元	角	分

短期借款　总账

年		凭证		摘要	借方金额										贷方金额										借或贷	余额									
月	日	种类	号数		千	百	十	万	千	百	十	元	角	分	千	百	十	万	千	百	十	元	角	分		千	百	十	万	千	百	十	元	角	分

应付票据　总账

年		凭证		摘要	借方金额										贷方金额										借或贷	余额									
月	日	种类	号数		千	百	十	万	千	百	十	元	角	分	千	百	十	万	千	百	十	元	角	分		千	百	十	万	千	百	十	元	角	分

应付账款 总账

年		凭证		摘要	借方金额										贷方金额										借或贷	余额									
月	日	种类	号数		千	百	十	万	千	百	十	元	角	分	千	百	十	万	千	百	十	元	角	分		千	百	十	万	千	百	十	元	角	分

应付职工薪酬 总账

年		凭证		摘要	借方金额										贷方金额										借或贷	余额									
月	日	种类	号数		千	百	十	万	千	百	十	元	角	分	千	百	十	万	千	百	十	元	角	分		千	百	十	万	千	百	十	元	角	分

应交税费 总账

年		凭证		摘要	借方金额										贷方金额										借或贷	余额									
月	日	种类	号数		千	百	十	万	千	百	十	元	角	分	千	百	十	万	千	百	十	元	角	分		千	百	十	万	千	百	十	元	角	分

应付利息 总账

年		凭证		摘要	借方金额										贷方金额										借或贷	余额									
月	日	种类	号数		千	百	十	万	千	百	十	元	角	分	千	百	十	万	千	百	十	元	角	分		千	百	十	万	千	百	十	元	角	分

应付股利　总账

年		凭证		摘要	借方金额										贷方金额										借或贷	余额									
月	日	种类	号数		千	百	十	万	千	百	十	元	角	分	千	百	十	万	千	百	十	元	角	分		千	百	十	万	千	百	十	元	角	分

实收资本　总账

年		凭证		摘要	借方金额										贷方金额										借或贷	余额									
月	日	种类	号数		千	百	十	万	千	百	十	元	角	分	千	百	十	万	千	百	十	元	角	分		千	百	十	万	千	百	十	元	角	分

资本公积　总账

年		凭证		摘要	借方金额										贷方金额										借或贷	余额									
月	日	种类	号数		千	百	十	万	千	百	十	元	角	分	千	百	十	万	千	百	十	元	角	分		千	百	十	万	千	百	十	元	角	分

盈余公积　总账

年		凭证		摘要	借方金额										贷方金额										借或贷	余额									
月	日	种类	号数		千	百	十	万	千	百	十	元	角	分	千	百	十	万	千	百	十	元	角	分		千	百	十	万	千	百	十	元	角	分

本年利润　总账

年		凭证		摘要	借方金额										贷方金额										借或贷	余额									
月	日	种类	号数		千	百	十	万	千	百	十	元	角	分	千	百	十	万	千	百	十	元	角	分		千	百	十	万	千	百	十	元	角	分

利润分配　总账

年		凭证		摘要	借方金额										贷方金额										借或贷	余额									
月	日	种类	号数		千	百	十	万	千	百	十	元	角	分	千	百	十	万	千	百	十	元	角	分		千	百	十	万	千	百	十	元	角	分

生产成本 总账

年		凭证		摘要	借方金额										贷方金额										借或贷	余额									
月	日	种类	号数		千	百	十	万	千	百	十	元	角	分	千	百	十	万	千	百	十	元	角	分		千	百	十	万	千	百	十	元	角	分

制造费用 总账

年		凭证		摘要	借方金额										贷方金额										借或贷	余额									
月	日	种类	号数		千	百	十	万	千	百	十	元	角	分	千	百	十	万	千	百	十	元	角	分		千	百	十	万	千	百	十	元	角	分

主营业务收入 总账

年		凭证		摘要	借方金额										贷方金额										借或贷	余额									
月	日	种类	号数		千	百	十	万	千	百	十	元	角	分	千	百	十	万	千	百	十	元	角	分		千	百	十	万	千	百	十	元	角	分

主营业务成本 总账

年		凭证		摘要	借方金额										贷方金额										借或贷	余额									
月	日	种类	号数		千	百	十	万	千	百	十	元	角	分	千	百	十	万	千	百	十	元	角	分		千	百	十	万	千	百	十	元	角	分

投资收益 总账

年		凭证		摘要	借方金额										贷方金额										借或贷	余额									
月	日	种类	号数		千	百	十	万	千	百	十	元	角	分	千	百	十	万	千	百	十	元	角	分		千	百	十	万	千	百	十	元	角	分

营业外收入 总账

年		凭证		摘要	借方金额										贷方金额										借或贷	余额									
月	日	种类	号数		千	百	十	万	千	百	十	元	角	分	千	百	十	万	千	百	十	元	角	分		千	百	十	万	千	百	十	元	角	分

营业外支出 总账

年		凭证		摘要	借方金额										贷方金额										借或贷	余额									
月	日	种类	号数		千	百	十	万	千	百	十	元	角	分	千	百	十	万	千	百	十	元	角	分		千	百	十	万	千	百	十	元	角	分

所得税费用 总账

年		凭证		摘要	借方金额										贷方金额										借或贷	余额									
月	日	种类	号数		千	百	十	万	千	百	十	元	角	分	千	百	十	万	千	百	十	元	角	分		千	百	十	万	千	百	十	元	角	分

总账

年		凭证		摘要	借方金额										贷方金额										借或贷	余额									
月	日	种类	号数		千	百	十	万	千	百	十	元	角	分	千	百	十	万	千	百	十	元	角	分		千	百	十	万	千	百	十	元	角	分

总账

年		凭证		摘要	借方金额										贷方金额										借或贷	余额									
月	日	种类	号数		千	百	十	万	千	百	十	元	角	分	千	百	十	万	千	百	十	元	角	分		千	百	十	万	千	百	十	元	角	分

总账

年		凭证		摘要	借方金额										贷方金额										借或贷	余额									
月	日	种类	号数		千	百	十	万	千	百	十	元	角	分	千	百	十	万	千	百	十	元	角	分		千	百	十	万	千	百	十	元	角	分

总账

年		凭证		摘要	借方金额										贷方金额										借或贷	余额									
月	日	种类	号数		千	百	十	万	千	百	十	元	角	分	千	百	十	万	千	百	十	元	角	分		千	百	十	万	千	百	十	元	角	分

总账

年		凭证		摘要	借方金额										贷方金额										借或贷	余额									
月	日	种类	号数		千	百	十	万	千	百	十	元	角	分	千	百	十	万	千	百	十	元	角	分		千	百	十	万	千	百	十	元	角	分

总账

年		凭证		摘要	借方金额										贷方金额										借或贷	余额									
月	日	种类	号数		千	百	十	万	千	百	十	元	角	分	千	百	十	万	千	百	十	元	角	分		千	百	十	万	千	百	十	元	角	分

总 分 类 账 封 底

安徽方正电子有限责任公司

库存现金日记账

2024年度

账簿启用及接交表

单位名称	安徽方正电子有限责任公司	
账簿名称		
账簿编号		
账簿页数		
启用日期	年　月　日	

单位主管		财务主管		复　核		记　账	
姓　名	盖章	姓　名	盖章	姓　名	盖章	姓　名	盖章

	经　管　人　员		接　管				交　出			
接交人员	职　别	姓　名	年	月	日	盖章	年	月	日	盖章
备注										

库存现金日记账

年		凭证字号	摘要	对方科目	√	收入（借方）金额										支出（贷方）金额										结余金额									
月	日					千	百	十	万	千	百	十	元	角	分	千	百	十	万	千	百	十	元	角	分	千	百	十	万	千	百	十	元	角	分

库存现金日记账

年		凭证字号	摘要	对方科目	√	收入（借方）金额										支出（贷方）金额										结余金额									
月	日					千	百	十	万	千	百	十	元	角	分	千	百	十	万	千	百	十	元	角	分	千	百	十	万	千	百	十	元	角	分

日 记 账 封 底

安徽方正电子有限责任公司

银行存款日记账

2024年度

账簿启用及接交表

单位名称	安徽方正电子有限责任公司	安徽方正电子有限责任公司
账簿名称		
账簿编号		
账簿页数		
启用日期	年　月　日	

单位主管		财务主管		复　核		记　账	
姓　名	盖章	姓　名	盖章	姓　名	盖章	姓　名	盖章

	经　管　人　员		接　管				交　出			
接交人员	职　别	姓　名	年	月	日	盖章	年	月	日	盖章
备注										

银行存款日记账

年		凭证字号	支票号码	摘　要	对方科目	收入（借方）金额										支出（贷方）金额										结余金额									
月	日					千	百	十	万	千	百	十	元	角	分	千	百	十	万	千	百	十	元	角	分	千	百	十	万	千	百	十	元	角	分

银行存款日记账

年		凭证字号	支票号码	摘　要	对方科目	收入（借方）金额										支出（贷方）金额										结余金额									
月	日					千	百	十	万	千	百	十	元	角	分	千	百	十	万	千	百	十	元	角	分	千	百	十	万	千	百	十	元	角	分

银行存款日记账

年		凭证字号	支票号码	摘要	对方科目	收入（借方）金额										支出（贷方）金额										结余金额									
月	日					千	百	十	万	千	百	十	元	角	分	千	百	十	万	千	百	十	元	角	分	千	百	十	万	千	百	十	元	角	分

日 记 账 封 底

安徽方正电子有限责任公司

明 细 分 类 账

2024年度

账簿启用及接交表

单位名称	安徽方正电子有限责任公司
账簿名称	
账簿编号	
账簿页数	
启用日期	年 月 日

单位主管		财务主管		复 核		记 账	
姓 名	盖章	姓 名	盖章	姓 名	盖章	姓 名	盖章

接交人员	经 管 人 员		接 管				交 出			
	职 别	姓 名	年	月	日	盖章	年	月	日	盖章
备注										

应收票据 明细账

二级科目编码及名称：________

总第______页 分______页

年		凭证		摘要	借方金额										√	贷方金额										√	借或贷	余额									
月	日	种类	号数		千	百	十	万	千	百	十	元	角	分		千	百	十	万	千	百	十	元	角	分			千	百	十	万	千	百	十	元	角	分

应收票据 明细账

二级科目编码及名称：________

总第______页 分______页

年		凭证		摘要	借方金额										√	贷方金额										√	借或贷	余额									
月	日	种类	号数		千	百	十	万	千	百	十	元	角	分		千	百	十	万	千	百	十	元	角	分			千	百	十	万	千	百	十	元	角	分

应收票据　明细账

二级科目编码及名称：____________　　　　总第______页　分______页

年		凭证		摘要	借方金额										√	贷方金额										√	借或贷	余额									
月	日	种类	号数		千	百	十	万	千	百	十	元	角	分		千	百	十	万	千	百	十	元	角	分			千	百	十	万	千	百	十	元	角	分

应收票据　明细账

二级科目编码及名称：____________　　　　总第______页　分______页

年		凭证		摘要	借方金额										√	贷方金额										√	借或贷	余额									
月	日	种类	号数		千	百	十	万	千	百	十	元	角	分		千	百	十	万	千	百	十	元	角	分			千	百	十	万	千	百	十	元	角	分

应收票据　明细账

二级科目编码及名称：________　　　　总第____页　分____页

年		凭证		摘要	借方金额										√	贷方金额										√	借或贷	余额									
月	日	种类	号数		千	百	十	万	千	百	十	元	角	分		千	百	十	万	千	百	十	元	角	分			千	百	十	万	千	百	十	元	角	分

应收账款　明细账

二级科目编码及名称：________　　　　总第____页　分____页

年		凭证		摘要	借方金额										√	贷方金额										√	借或贷	余额									
月	日	种类	号数		千	百	十	万	千	百	十	元	角	分		千	百	十	万	千	百	十	元	角	分			千	百	十	万	千	百	十	元	角	分

应收账款　明细账

二级科目编码及名称：________　　总第____页　分____页

年		凭证		摘要	借方金额										√	贷方金额										√	借或贷	余额									
月	日	种类	号数		千	百	十	万	千	百	十	元	角	分		千	百	十	万	千	百	十	元	角	分			千	百	十	万	千	百	十	元	角	分

应收账款　明细账

二级科目编码及名称：________　　总第____页　分____页

年		凭证		摘要	借方金额										√	贷方金额										√	借或贷	余额									
月	日	种类	号数		千	百	十	万	千	百	十	元	角	分		千	百	十	万	千	百	十	元	角	分			千	百	十	万	千	百	十	元	角	分

应收账款 明细账

二级科目编码及名称：______________ 总第______页 分______页

年		凭证		摘要	借方金额										√	贷方金额										√	借或贷	余额									
月	日	种类	号数		千	百	十	万	千	百	十	元	角	分		千	百	十	万	千	百	十	元	角	分			千	百	十	万	千	百	十	元	角	分

应收账款 明细账

二级科目编码及名称：______________ 总第______页 分______页

年		凭证		摘要	借方金额										√	贷方金额										√	借或贷	余额									
月	日	种类	号数		千	百	十	万	千	百	十	元	角	分		千	百	十	万	千	百	十	元	角	分			千	百	十	万	千	百	十	元	角	分

应付账款 明细账

二级科目编码及名称：________

总第____页 分____页

年		凭证		摘要	借方金额										√	贷方金额										√	借或贷	余额									
月	日	种类	号数		千	百	十	万	千	百	十	元	角	分		千	百	十	万	千	百	十	元	角	分			千	百	十	万	千	百	十	元	角	分

应付账款 明细账

二级科目编码及名称：________

总第____页 分____页

年		凭证		摘要	借方金额										√	贷方金额										√	借或贷	余额									
月	日	种类	号数		千	百	十	万	千	百	十	元	角	分		千	百	十	万	千	百	十	元	角	分			千	百	十	万	千	百	十	元	角	分

应付账款　明细账

二级科目编码及名称：＿＿＿＿＿＿＿＿　　　　总第＿＿＿页　分＿＿＿页

年		凭证		摘要	借方金额										√	贷方金额										√	借或贷	余额									
月	日	种类	号数		千	百	十	万	千	百	十	元	角	分		千	百	十	万	千	百	十	元	角	分			千	百	十	万	千	百	十	元	角	分

应付账款　明细账

二级科目编码及名称：＿＿＿＿＿＿＿＿　　　　总第＿＿＿页　分＿＿＿页

年		凭证		摘要	借方金额										√	贷方金额										√	借或贷	余额									
月	日	种类	号数		千	百	十	万	千	百	十	元	角	分		千	百	十	万	千	百	十	元	角	分			千	百	十	万	千	百	十	元	角	分

应付票据　　明细账

二级科目编码及名称：________________　　　　总第______页　分______页

年		凭证		摘要	借方金额										√	贷方金额										√	借或贷	余额									
月	日	种类	号数		千	百	十	万	千	百	十	元	角	分		千	百	十	万	千	百	十	元	角	分			千	百	十	万	千	百	十	元	角	分

应付票据　　明细账

二级科目编码及名称：________________　　　　总第______页　分______页

年		凭证		摘要	借方金额										√	贷方金额										√	借或贷	余额									
月	日	种类	号数		千	百	十	万	千	百	十	元	角	分		千	百	十	万	千	百	十	元	角	分			千	百	十	万	千	百	十	元	角	分

应付票据 明细账

二级科目编码及名称：________ 总第____页 分____页

年		凭证		摘要	借方金额										√	贷方金额										√	借或贷	余额									
月	日	种类	号数		千	百	十	万	千	百	十	元	角	分		千	百	十	万	千	百	十	元	角	分			千	百	十	万	千	百	十	元	角	分

应付票据 明细账

二级科目编码及名称：________ 总第____页 分____页

年		凭证		摘要	借方金额										√	贷方金额										√	借或贷	余额									
月	日	种类	号数		千	百	十	万	千	百	十	元	角	分		千	百	十	万	千	百	十	元	角	分			千	百	十	万	千	百	十	元	角	分

应付职工薪酬　明细账

二级科目编码及名称：________　　总第____页　分____页

年		凭证		摘要	借方金额										√	贷方金额										√	借或贷	余额									
月	日	种类	号数		千	百	十	万	千	百	十	元	角	分		千	百	十	万	千	百	十	元	角	分			千	百	十	万	千	百	十	元	角	分

应付职工薪酬　明细账

二级科目编码及名称：________　　总第____页　分____页

年		凭证		摘要	借方金额										√	贷方金额										√	借或贷	余额									
月	日	种类	号数		千	百	十	万	千	百	十	元	角	分		千	百	十	万	千	百	十	元	角	分			千	百	十	万	千	百	十	元	角	分

应付职工薪酬　明细账

二级科目编码及名称：______　　　　总第______页　分______页

年		凭证		摘要	借方金额										√	贷方金额										√	借或贷	余额									
月	日	种类	号数		千	百	十	万	千	百	十	元	角	分		千	百	十	万	千	百	十	元	角	分			千	百	十	万	千	百	十	元	角	分

应付职工薪酬　明细账

二级科目编码及名称：______　　　　总第______页　分______页

年		凭证		摘要	借方金额										√	贷方金额										√	借或贷	余额									
月	日	种类	号数		千	百	十	万	千	百	十	元	角	分		千	百	十	万	千	百	十	元	角	分			千	百	十	万	千	百	十	元	角	分

应交税费 明细账

二级科目编码及名称：应交增值税　　　　总第＿＿页　分＿＿页

年		凭证		摘要	借方金额										√	贷方金额										√	借或贷	余额									
月	日	种类	号数		千	百	十	万	千	百	十	元	角	分		千	百	十	万	千	百	十	元	角	分			千	百	十	万	千	百	十	元	角	分

应交税费 明细账

二级科目编码及名称：应交企业所得税　　　　总第＿＿页　分＿＿页

年		凭证		摘要	借方金额										√	贷方金额										√	借或贷	余额									
月	日	种类	号数		千	百	十	万	千	百	十	元	角	分		千	百	十	万	千	百	十	元	角	分			千	百	十	万	千	百	十	元	角	分

应交税费 明细账

二级科目编码及名称：应交个人所得税　　　　总第＿＿页 分＿＿页

年		凭证		摘要	借方金额										√	贷方金额										√	借或贷	余额									
月	日	种类	号数		千	百	十	万	千	百	十	元	角	分		千	百	十	万	千	百	十	元	角	分			千	百	十	万	千	百	十	元	角	分

应交税费 明细账

二级科目编码及名称：　　　　总第＿＿页 分＿＿页

年		凭证		摘要	借方金额										√	贷方金额										√	借或贷	余额									
月	日	种类	号数		千	百	十	万	千	百	十	元	角	分		千	百	十	万	千	百	十	元	角	分			千	百	十	万	千	百	十	元	角	分

明细账

二级科目编码及名称：________　　　　总第______页　分______页

年		凭证		摘要	借方金额										√	贷方金额										√	借或贷	余额									
月	日	种类	号数		千	百	十	万	千	百	十	元	角	分		千	百	十	万	千	百	十	元	角	分			千	百	十	万	千	百	十	元	角	分

明细账

二级科目编码及名称：________　　　　总第______页　分______页

年		凭证		摘要	借方金额										√	贷方金额										√	借或贷	余额									
月	日	种类	号数		千	百	十	万	千	百	十	元	角	分		千	百	十	万	千	百	十	元	角	分			千	百	十	万	千	百	十	元	角	分

原材料 明细账

材料类别：原料 材料名称：A材料 计量单位：个 计划单价：______ 第____页

年		凭证		摘要	收入（借方）												发出（贷方）												结存											
					数量	单价	金额										数量	单价	金额										数量	单价	金额									
月	日	种类	号数				千	百	十	万	千	百	十	元	角	分			千	百	十	万	千	百	十	元	角	分			千	百	十	万	千	百	十	元	角	分

原材料　明细账

材料类别：原料　　材料名称：B材料　　计量单位：米　　计划单价：＿＿＿＿　　第＿＿页

年		凭证		摘要	收入（借方）												发出（贷方）												结存											
					数量	单价	金额										数量	单价	金额										数量	单价	金额									
月	日	种类	号数				千	百	十	万	千	百	十	元	角	分			千	百	十	万	千	百	十	元	角	分			千	百	十	万	千	百	十	元	角	分

原材料　明细账

材料类别：原料　　材料名称：C材料　　计量单位：千克　　计划单价：______　　第____页

年		凭证		摘要	收入（借方）												发出（贷方）												结存											
					数量	单价	金额										数量	单价	金额										数量	单价	金额									
月	日	种类	号数				千	百	十	万	千	百	十	元	角	分			千	百	十	万	千	百	十	元	角	分			千	百	十	万	千	百	十	元	角	分

原材料　明细账

材料类别：________ 材料名称：________ 计量单位：________ 计划单价：________ 第____页

年		凭证		摘要	收入（借方）												发出（贷方）												结存											
					数量	单价	金额										数量	单价	金额										数量	单价	金额									
月	日	种类	号数				千	百	十	万	千	百	十	元	角	分			千	百	十	万	千	百	十	元	角	分			千	百	十	万	千	百	十	元	角	分

原材料 明细账

材料类别：________ 材料名称：________ 计量单位：________ 计划单价：________ 第____页

年		凭证		摘要	收入（借方）												发出（贷方）												结存											
					数量	单价	金额										数量	单价	金额										数量	单价	金额									
月	日	种类	号数				千	百	十	万	千	百	十	元	角	分			千	百	十	万	千	百	十	元	角	分			千	百	十	万	千	百	十	元	角	分

原材料　明细账

材料类别：＿＿＿＿　材料名称：＿＿＿＿　计量单位：＿＿＿＿　计划单价：＿＿＿＿　第＿＿页

年		凭证		摘要	收入（借方）												发出（贷方）												结存											
					数量	单价	金额										数量	单价	金额										数量	单价	金额									
月	日	种类	号数				千	百	十	万	千	百	十	元	角	分			千	百	十	万	千	百	十	元	角	分			千	百	十	万	千	百	十	元	角	分

库存商品 明细账

商品类别：______ 商品名称：甲商品 计量单位：件 计划单价：______ 第____页

年		凭证		摘要	收入（借方）												发出（贷方）												结存											
					数量	单价	金额										数量	单价	金额										数量	单价	金额									
月	日	种类	号数				千	百	十	万	千	百	十	元	角	分			千	百	十	万	千	百	十	元	角	分			千	百	十	万	千	百	十	元	角	分

库存商品 明细账

商品类别：______ 商品名称：乙商品 计量单位：件 计划单价：______ 第____页

年		凭证		摘要	收入（借方）												发出（贷方）												结存											
					数量	单价	金额										数量	单价	金额										数量	单价	金额									
月	日	种类	号数				千	百	十	万	千	百	十	元	角	分			千	百	十	万	千	百	十	元	角	分			千	百	十	万	千	百	十	元	角	分

库存商品 明细账

商品类别：__________ 商品名称：__________ 计量单位：__________ 计划单价：__________ 第____页

年		凭证		摘要	收入（借方）												发出（贷方）												结存											
					数量	单价	金额										数量	单价	金额										数量	单价	金额									
月	日	种类	号数				千	百	十	万	千	百	十	元	角	分			千	百	十	万	千	百	十	元	角	分			千	百	十	万	千	百	十	元	角	分

库存商品　明细账

商品类别：______　商品名称：______　计量单位：______　计划单价：______　第____页

年		凭证		摘要	收入（借方）												发出（贷方）												结存											
					数量	单价	金额										数量	单价	金额										数量	单价	金额									
月	日	种类	号数				千	百	十	万	千	百	十	元	角	分			千	百	十	万	千	百	十	元	角	分			千	百	十	万	千	百	十	元	角	分

应交税费——应交增值税 明细账

总第____页 分____页

年		凭证		摘要	借方发生额				贷方发生额				借或贷	余额
月	日	种类	号数		进项税额	已交税金	转出多交	合计	销项税额	进项税额转出	转出未交	合计		

应交税费——应交增值税　明细账

总第____页　分____页

年		凭证		摘要	借方发生额				贷方发生额				借或贷	余额
月	日	种类	号数		进项税额	已交税金	转出多交	合计	销项税额	进项税额转出	转出未交	合计		

销售费用 明细账

第____页

年		凭证字号	摘要	广告费	业务宣传费	折旧费	职工薪酬	折旧费	差旅费	其他费用	合计
月	日										

销售费用 明细账

第______页

年		凭证字号	摘　要	广告费	业务宣传费	折旧费	职工薪酬	折旧费	差旅费	其他费用	合　计
月	日										

管理费用 明细账

第______页

年		凭证字号	摘　要	材料费	人工费	折旧费	业务招待费	办公费	差旅费	其他费用	合　计
月	日										

管理费用 明细账

第＿＿＿＿页

年		凭证字号	摘　要	材料费	人工费	折旧费	业务招待费	办公费	差旅费	其他费用	合 计
月	日										

基本生产成本 明细账

车间名称：________ 产品名称：________ 计量单位：________ 第____页

月初在产品数量：________ 本月投产量：________ 本月完工产品数量：________ 月末在产品数量：________

年		凭证字号	摘要	成本项目			合计
月	日			直接材料	直接人工	制造费用	

基本生产成本 明细账

车间名称：＿＿＿＿＿＿ 产品名称：＿＿＿＿＿＿ 计量单位：＿＿＿＿ 第＿＿＿页

月初在产品数量：＿＿＿＿ 本月投产量：＿＿＿＿ 本月完工产品数量：＿＿＿＿ 月末在产品数量：＿＿＿＿

年		凭证字号	摘要	成本项目			合计
月	日			直接材料	直接人工	制造费用	

基本生产成本 明细账

车间名称：＿＿＿＿ 产品名称：＿＿＿＿ 计量单位：＿＿＿＿ 第＿＿页

月初在产品数量：＿＿＿＿ 本月投产量：＿＿＿＿ 本月完工产品数量：＿＿＿＿ 月末在产品数量：＿＿＿＿

年		凭证字号	摘要	成本项目			合计
月	日			直接材料	直接人工	制造费用	

制造费用 明细账

车间名称：________ 第____页

年		凭证字号	摘要	费用名称					合计
月	日			材料费	人工费	折旧费	水电费	其他费用	

明细分类账封底

安徽方正电子有限责任公司

会 计 报 表

（资产负债表、利润表）

2024年度

资 产 负 债 表

会企01表

编制单位：　　　　年　月　日　　　　单位：元

资 产	期末余额	年初余额	负债和所有者权益（或股东权益）	期末余额	年初余额
流动资产：			流动负债：		
货币资金			短期借款		
交易性金融资产			交易性金融负债		
应收票据			应付票据		
应收账款			应付账款		
应收款项融资			预收款项		
预付款项			合同负债		
其他应收款			应付职工薪酬		
存货			应交税费		
合同资产			其他应付款		
持有待售资产			持有待售负债		
一年内到期的非流动资产			一年内到期的非流动负债		
其他流动资产			其他流动负债		
流动资产合计			流动负债合计		
非流动资产：			非流动负债：		
债权投资			长期借款		
其他债权投资			应付债券		
长期应收款			租赁负债		
长期股权投资			长期应付款		
其他权益工具投资			预计负债		
其他非流动金融资产			递延收益		
投资性房地产			递延所得税负债		
固定资产			其他非流动负债		
在建工程			非流动负债合计		
生产性生物资产			负债合计		
油气资产			所有者权益（或股东权益）：		
使用权资产			实收资本（或股本）		
无形资产			其他权益工具		
开发支出			资本公积		
商誉			减：库存股		
长期待摊费用			其他综合收益		
递延所得税资产			盈余公积		
其他非流动资产			未分配利润		
非流动资产合计			所有者权益（或股东权益）合计		
资 产 总 计			负债和所有者权益（或股东权益）总计		

单位负责人：　　　　财务负责人：　　　　会计主管：

利 润 表

会企02表

编制单位：　　　　　　　　　　　　　年　月　　　　　　　　　　　　　单位：元

项　　目	本期金额	上期金额
一、营业收入		
减：营业成本		
税金及附加		
销售费用		
管理费用		
研发费用		
财务费用		
其中：利息费用		
利息收入		
加：其他收益		
投资收益（损失以“–”号填列）		
其中：对联营企业和合营企业的投资收益		
以摊余成本计量的金融资产终止确认收益（损失以“–”号填列）		
净敞口套期收益（损失以“–”号填列）		
公允价值变动收益（损失以“–”号填列）		
信用减值损失（损失以“–”号填列）		
资产减值损失（损失以“–”号填列）		
资产处置收益（损失以“–”号填列）		
二、营业利润（亏损以“–”号填列）		
加：营业外收入		
减：营业外支出		
三、利润总额（亏损总额以“–”号填列）		
减：所得税费用		
四、净利润（净亏损以“–”号填列）		
五、其他综合收益的税后净额		
六、综合收益总额		

单位负责人：　　　　　　　　财务负责人：　　　　　　　　会计主管：

利 润 表

会企02表

编制单位： 年 月 单位：元

项 目	本期金额	上期金额
一、营业收入		
减：营业成本		
税金及附加		
销售费用		
管理费用		
研发费用		
财务费用		
其中：利息费用		
利息收入		
加：其他收益		
投资收益（损失以“–”号填列）		
其中：对联营企业和合营企业的投资收益		
以摊余成本计量的金融资产终止确认收益（损失以“–”号填列）		
净敞口套期收益（损失以“–”号填列）		
公允价值变动收益（损失以“–”号填列）		
信用减值损失（损失以“–”号填列）		
资产减值损失（损失以“–”号填列）		
资产处置收益（损失以“–”号填列）		
二、营业利润（亏损以“–”号填列）		
加：营业外收入		
减：营业外支出		
三、利润总额（亏损总额以“–”号填列）		
减：所得税费用		
四、净利润（净亏损以“–”号填列）		
五、其他综合收益的税后净额		
六、综合收益总额		

单位负责人： 财务负责人： 会计主管：

会计报表封底